学級を最高のチームにする極意

保護者を味方にする教師の心得

赤坂 真二 編著

明治図書

まえがき

　今時の教員養成は，私が教員免許を取得した頃に比べて随分と進化しました。大学によって差があることでしょうが，採用試験対策も指導案づくりも驚くほど丁寧になされています。それだけ現場のニーズは切実になり，「即戦力」の人材を求めているからでしょうか。しかし，今後教員養成がどんなに進化しようとも，なかなか学ばれないであろう分野が保護者との信頼関係づくりです。

> 模擬授業を何度繰り返そうと，教育実習を何週間体験しようと，そこは体験できない世界

です。

　そこは，保護者とプロである教師だけが共有できる真剣勝負の場です。そこには，模擬も練習も実習もありません。常に本番なのです。いや，「ロールプレイやって，練習しているよ」と仰る大学関係者もいるかもしれません。しかし，それは保護者の本気の思いに触れたことがないからそんなことが言えるのです。ロールプレイで何度涙を流そうが，それはどこまで行っても「練習」です。本書を手にする方の多くが，学校の教師だと思います。教師ならば，数回は保護者の本気に向き合って，驚きや戸惑いを感じたことがあるはずです。なぜ，私たちは保護者の思いに圧倒されるのでしょうか。それは，子どもの教育は，

> 教師にとっては仕事でも，保護者にとっては人生だから

です。

　しかし，この真剣勝負は，教師と保護者が戦うという意味ではありません。教師と保護者が敵対してはならないことは言うまでもありません。教師と保護者は，協働のパートナーです。協働して子どもたちの幸せという共通の目的のために手と手を取り合います。ところが，いつの間にか「保護者対応」という言葉が職員室で流通するようになりました。

「保護者対応」というとどこか対立的なニュアンスを感じませんか。皆さんは，あまり，そうした感じを受けませんか。保護者同士が，「ねえねえ，今度の教師対応どうする？」なんてやりとりをしていたらいかがですか。そこに信頼関係を築こうとする構えを見出すことはできますか。ただ，元々「対応」という言葉には，対立的な意味はないようです。広辞苑第六版によると，「①互いに向き合うこと，②両者の関係がつりあうこと，③相手や状況に応じて事をすること」とあります。しかし，近年は「モンスター」とか「クレーマー」にまつわる保護者との関係に水を差すような事例が多数起こり，対立的な意味合いを含んできたのかもしれません。

　ここでもう一度原点に返りたくて，本書をまとめました。少なくとも圧倒的多数の保護者は最初から，「モンスター」や「クレーマー」になっているわけではないはずです。ごく一部の事例からすべてを断じてはならないと思います。よい教育のためには保護者の協力が必要です。保護者と信頼関係をつくり，どのように協力を得ていくべきか，澤村力也，永地志乃，内藤慎治，岡田順子，宇野弘恵，北森恵，山本宏幸，吉田聡，渡部智和，松井晃一，堀川真理，井口真紀の小中12氏の教師の実践を通して，考えてみてください。

　彼らはいろいろな「やり方」を通して保護者とつながっています。しかし，本当に読み取っていただきたいのはその「やり方」の奥にある，彼らの「あり方」です。保護者は，教師がどうやるか見ているのでなく，どのような教師なのかを感じているのです。

　本書が，皆さんの保護者とのよりよい関係づくりのために役立つであろうことを確信しています。

　　　　　　　　　　　　　　　　　　　　　　　　　　　　赤坂　真二

目次

まえがき

第1章 保護者の味方になる教師が保護者を味方にする

保護者を味方にする
教師の心得　理論編

9

1　エピソードから考えよう　10
　(1)　本論を始める前に　10
　(2)　「不幸な」出会い　10
　(3)　始まってから2週間にしたこと　12
2　保護者の味方になる　15
　(1)　子どもの様子を知らせる　16
　(2)　コミュニケーションへの意欲を示す　16
　(3)　考えを伝える　17
　(4)　どう見られるかではなく何を見せるか　18
　(5)　子どもとつながる　19
　(6)　保護者を信頼する　19

「保護者を味方にする教師の心得」の使い方

※第2章の実践編は，下記の内容を中心にして，各執筆者が，それぞれの主張を展開しています。

❶保護者を味方にする考え方
▶保護者を味方にする上で大事にしている基本的な考え方，ポイントなどについてまとめました。

❷保護者を味方にする具体的な取り組み
▶保護者を味方にすることができた具体的な実践を，はじめて取り組む方にも追試できるよう，わかりやすく解説しました。
▶成功させるコツ，また失敗しそうなところと失敗してしまった際のリカバリーの方法についても，ポイントをまとめています。

第2章 保護者を味方にする教師の心得

保護者を味方にする教師の心得　実践編　21

小学校

① 共に育てる仲間となるために，子どもとつながり，保護者とつながり，保護者をつなごう！ 22
 1　若さと情熱で道を切り開けるのか　22
 2　思いを届け，子どもたちの姿で語ろう！　25
  (1)　「有言実行」学級だよりで自分の思いを発信すべし！　25
  (2)　子どもたちのがんばりや成長を見せつけるべし！　26
  (3)　「きちんと見守っている」と感じてもらおう！　29
  (4)　保護者とつながり，保護者をつなごう！　30
 3　子どもとつながり，保護者とつながり，地域とつながろう！　31

② 懐に飛び込む 32
 1　保護者との関係をよくする理由と方法　32
  (1)　保護者との関係をよくする理由　32
  (2)　保護者との関係をよくする方法　34
 2　保護者の懐に飛び込もう　34
  (1)　いつも笑顔でいる　34
  (2)　信頼される　36
  (3)　自己開示する　40
 3　保護者の味方になる　41

③ 保護者と仲良くなれれば子どもも育つ〜保護者との関係をよくする〜 42
 1　学級経営の中に保護者経営あり！　42
 2　保護者の担任信頼が子どもの担任信頼につながる　42
 3　SNSで情報が広がる時代における保護者経営　43
  (1)　保護者を味方にできた具体例　44
  (2)　保護者を味方にできた具体例②　47
 4　保護者を味方にする教師の心得　51

④ 保護者の一番の味方になる 52
 1　保護者の「？」にアプローチ！　52

(1)　保護者の願いから　52
　　(2)　保護者の不安から　53
　　(3)　保護者の要望から　53
　2　協働に向かう変化を起こそう！　54
　　(1)　教師に対する見方が変わる〜子どもをよく見る〜　54
　　(2)　保護者の子どもへの接し方が変わる〜よさを伝える〜　56
　　(3)　保護者の意識が変わる〜ねらいを伝え活動を見てもらう〜　58
　3　目指すは，子どもの成長　59
　　(1)　保護者の味方になるために　59
　　(2)　謙虚に，信念をもって　60

5　愛と理解の先に，共感と協力がある　62
　1　違いを理解して，視点を変える　62
　　(1)　立ち位置と役割の違い　62
　　(2)　「or」ではなく「and」　63
　　(3)　相手を信頼することが視点変換の秘訣　64
　2　視点を変えると，保護者も変わる　64
　3　やはり基本は，誠実に謙虚に接すること　70

6　保護者の安全基地になる　72
　1　初任時代の失敗　72
　2　保護者に安心感を　74
　　(1)　懇談会も授業参観も保護者と楽しむ　74
　　(2)　学級という「密室」を開放し，「見える化」する　78
　3　学級を開放し，自分も開く　81

[中学校]

7　担任は「どう思っているのか」を見せつける！　82
　1　保護者と担任で同じものを見る　82
　2　大事にしてきたこと　83
　　(1)　最初の学級懇談で，生徒のよいところを全体で報告！　83
　　(2)　学級だよりでつながる　84
　　(3)　電話よりもメールよりも直接話す　87
　　(4)　保護者一人一人とつながるチャンスを大事にする　88

3　生徒と担任と，保護者と担任と　89
⑧　保護者の協力を得る教師の心得〜学級の「見える化」で保護者に安心感を〜　92
　1　「子どもの幸せ」を共に目指して　92
　2　学級の「見える化」を目指した具体的実践　93
　　(1)　学級の様子を保護者に向けて発信し続ける　93
　　(2)　学級の課題をありのままに伝える　97
　　(3)　最初の授業参観で勝負する　99
　3　保護者との良好な関係性は一日にしてならず　101
⑨　計算してもうまくいかないから，もっと本音で勝負しよう！　102
　1　謙虚になる　102
　2　「安心＜不安」から「安心＞不安」へ　103
　3　顔を合わせる　105
　4　情報を伝えること　107
　5　自然体で接する　110
⑩　保護者とつながり，保護者とチーム化を目指す学級・学年づくり　112
　1　保護者を味方にする基本的な考え方　112
　　(1)　初対面を大切にする　113
　　(2)　学級経営方針を伝えていく　113
　　(3)　具体的な子どもの姿で語る　113
　　(4)　話を共感して聞く　114
　　(5)　丁寧な言葉遣いを心がける　114
　　(6)　電話は短く　114
　　(7)　足で稼ぐ　114
　　(8)　面談は正装で　115
　　(9)　一人で悩まず，報告をして責任分散　115
　　(10)　クレームに対して　115
　　(11)　問題行動に対しての鉄則　115
　2　保護者を味方にすることができた具体的事例　116
　　(1)　家庭訪問でのエピソード　116
　　(2)　学年保護者との関係をつくった懇親会　116
　　(3)　学年だより　118

(4) 保護者面談　119
　3　私が大切にしていること　120

⑪ **保護者もこの時を共に生きる仲間～本気で付き合う～**　122
　1　私なんて失敗だらけです！　122
　2　誠意って何だ？　122
　3　私の失敗　122
　　(1) なんて言えばいいのかわからない　122
　　(2) 教えてあげる！　123
　　(3) 「後で」は失敗のもと　124
　4　保護者との関係はドラマチック！　125
　　(1) 確かに経験は少ないです！　125
　　(2) 不信感をあらわにしていた恭輔の父親　127
　5　保護者に連絡をとるときには　130
　　(1) 「今お時間よろしいでしょうか」　130
　　(2) 事実だけを伝える　130
　　(3) 保護者の気持ちをくむ　130
　　(4) より具体的に生徒の気持ちを伝える　130
　　(5) それでも不信感をもたれたら　131

⑫ **生徒との信頼関係が保護者からの信頼を生む**　132
　1　保護者が望むことは何なのか？　132
　2　実践が保護者に認められた取り組み　134
　　(1) 学級通信第1号　134
　　(2) 日常の取り組み～一言日記の継続～　135
　　(3) 部活動での出来事　136
　3　ピンチはチャンスに変える　137
　　(1) 迷ったら連絡をとるべき　137
　　(2) "I"メッセージで伝えた出来事　138
　4　私の基本スタンス　139
　　(1) 生徒と地域と共に活動を楽しむ　139
　　(2) 主役は生徒　140

あとがき

第1章

保護者の味方になる教師が保護者を味方にする

保護者を味方にする
教師の心得　理論編

1 エピソードから考えよう

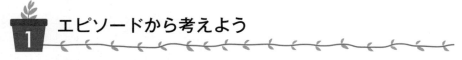

(1) 本論を始める前に

　これから私の小さな体験を記します。そこから、保護者とつながる原則を読者の皆さんから抽出していただきたいと思います。こちらの主張を一方的にお伝えするよりも考えながら読んだほうが、学びとしては上質になるのではないかと思います。これから示すお話は、私がある年に担任したクラスの保護者と私のかかわりです。話を始める前に、クラスを取り巻く状況をお伝えしておきます。そちらのほうが、クラスで起こっていることがよく把握できるだろうと思うからです。

　このクラス（小学校6年生）は、所謂、学級崩壊の状態でした。荒れの中心にいた子どもたちは学校への不信感を露わにしていました。彼らの口癖は、「学校嫌い」「校長最低」「教師は信じられねえ」でした。保護者たちも同様でした。一定数の割合の保護者が学校に対して不信感をもっていました。当然、学校に協力的な保護者もいたわけですが、その方たちは、そうした不信の構造を静かに見ているといった様子でした。いや、そうするしかなかったというのが正確なところでしょう。

　子どもたちや保護者の言い分を聞いているともっともなところがありました。しかし、学校に明々白々な落ち度があったというものでもありませんでした。地域や学校のあり方が変わっていく中で、少しずつズレが生じ、たまたまこの学年に過激な形で象徴的に現れたのではないかと思います。そう、学年丸ごと荒れていました。そんな状況の学校に赴任し、保護者とは残念な出会いをすることになりました。

(2) 「不幸な」出会い

　6年A組と出会った日、彼らは、誰も席についていませんでした。私が自己紹介をしようとしてもずっと私語を続けていました。新任式から最初の学級活

動のその日，私に話しかけた子は一人もいませんでした。

　赴任して3日目のことです。駐車場に止めてあった職員の車が，赤い液体で汚されるという事件が起こりました。情報を集めてみると，私のクラスのリョウタ君が，プラスチック製の注射器に赤絵の具を溶かして血に見立てた水を入れて遊んでいたことがわかりました。彼は，新任式から教室に帰る途中でクラスメートに馬鹿にされ，怒り，「死ね，テメエ」と言いながら発言の主を追いかけていた子です。

　彼を呼んで事実を確認するとアッサリと認めました。しかし，その態度は，反省しているどころか，「何か問題でもあるのか？」と言いたげでした。コトがコトなので保護者に連絡をしました。ただ，校長からも車を傷つけたわけではないので，事実の報告と注意を伝えてくれればいいということでしたのでそうしました。

　夕方すぎに，私たちが年度始めの諸準備のために会議をしていると，事務員さんから「保護者が来ている」と連絡を受けました。会議室を出ると廊下には，リョウタ君とその母が立っていました。お母さんは，神妙な面持ちでこう言いました。

「この度は，この子がとんでもないことをして，申し訳ありませんでした。二度とこのようなことがないように，家でもしっかり話をいたします」

　言葉だけ聞いていると，とても礼儀正しい方と思われるでしょう。いや，事実とても知的で礼儀正しい方でしたが，「礼儀正しすぎた」のです。リョウタ君もお母さんも同様に「冷たい目」をしていました。それまで，自分は保護者とよい関係を築いていたほうだと思います。これまで付き合ってきた保護者から向けられたことのない表情と言葉に戸惑いました。お母さんは，言うべきことだけを言うとクルリと背中を向けて玄関に向かいました。私は精一杯の笑顔で，「これからよろしくお願いします」と言ったつもりですが，私の話している間，お母さんの表情は全く変わらず，私の言葉は一切伝わっていないように感じました。

　その1週間後に，また，リョウタ君のお母さんと顔を合わせることになりま

す。私のクラスの男子のうち15名が、学校の屋上で火いたずらをして、校舎を焦がすという事件が起こりました。ライターを持ってきてトイレットペーパーに火をつけて遊んでいたのです。ライターを持ってきたのは、リョウタ君でした。

　すぐに、関係した子どもたちの保護者に学校に来てもらい、管理職、生徒指導主任、学年主任と私で、事情を説明する保護者会を開きました。私は担任として下記のような話をしました。

　「皆様、この度は、私の管理下でこのようなことが起こってしまい、本当に申し訳ありませんでした。思春期のただ中にいることやこのクラスだけ担任が代わったことなど、子どもたちは様々な不安を抱えていることだろうと思います。それは保護者の皆様も同じではないかと思っております。本来ならば、授業参観や懇談会での楽しい話を交えた中での出会いができたら、よかったのかもしれませんが、このような形でお会いすることになってしまって申し訳ありません。

　これから子どもたちとしっかりとつながり、皆様に安心していただけるように努めていきます。保護者の皆様も、もし、何かありましたら、いや、なくても、いつでも何でもおっしゃってください。小学校最後の一年が子どもたちにとってよりよいものになるように一緒に盛り上げていければいいなと思っています。しかし、それには私一人ではできません。どうかお力を貸してください。どうぞよろしくお願い申し上げます」

　保護者の皆さんは、私や学校を責めるような発言をしませんでした。ただ、ほとんど発言することはなく、帰りました。

(3) **始まってから2週間にしたこと**

　初日から学級通信を出していました。最初は教室のあまりの混乱ぶりにこれらのことを保護者とも少しでも分かち合い、一緒に考えてもらおうかと思っていましたが、ここ一連の出来事によってそれをしばらく「封印」することにしました。学級通信は、子どもたちのよさを中心に伝えることにしました。学級

では，事件が立て続けに起こっていました。女子の靴隠し，男子の集団暴行などなど。しかし，それらは個別対応で進め，学級通信ではひたすら好ましい出来事を伝え続けました。

　よさを伝えるには，よい場面を見つけ出さねばなりません。よい場面を見つけるためには，子どもたちが適切な行動をする場をつくらねばなりませんでした。なぜならば，授業や清掃や給食の活動がまともにできなかったからです。授業になれば何人かは寝ているし，ノートや教科書を持ってこない。また，清掃はサボる子がいるのが当たり前であり，給食もマナーはなきがごとしでした。そんな状態でしたが，図工の時間は落ち着いていました。特にリョウタ君は，絵を描いたり物を作ったりすることが好きだったらしく，図工だけは集中して取り組みました。

　図工は個別作業の時間なので，私がフリーになります。指導と称して，絵を媒介にして子どもたちと1対1でコミュニケーションをとるようにしました。自画像を描かせました。子どもたちの机を廻り，

　「この線，力強いね」

　「よく，見ているね」

　「この色はなかなか出せないね」

などと，子どもたちのがんばっているところを指摘するようにしました。

　そして迎えた，最初の授業参観。授業では，参観の案内を出しました。簡単な指導案です。今は多くの教師がやっていますが，当時はあまりそれをする方はいませんでした。授業の間に時折，リョウタ君のお母さんは，教室の中央で仲良しのお母さんたちと案内と授業を見比べながら，厳しい表情で何かをつぶやいていました。担任が代わったこともあり，授業参観の出席率があまりよくないこの学校で，その日は，ほとんどの保護者が参加しました。

　参観後の懇談会では，出会ってから2週間の子どもたちのよさをめいっぱい伝えました。そして，その後に1年間の方針を伝えました。次のようなキーワードでまとめました。

> 【学習面】
> ・聞ける子，読める子，書ける子，話せる子，考える子
> 【生活面】
> ・問題をトラブルでなく，チャンスとする子
> ・命を大切にする子
> ・自律する子

　保護者は，教室が混乱していたことを知っています。中学入学を控え，学習面に不安をもっていると思いました。だから，基礎学力をつけることを大事にしていることを強調して伝えました。また，「見える学力」と「見えない学力」という話をし，点数になる学力をつけるには，思いやりなどの人間性が大事であること，そして，それらの学力は「愛されることによって」やる気が高まり，獲得されるという話をしました。

　ここまでが，生徒指導が難しいと呼ばれる学校で最も荒れていたクラスの保護者との出会いの２週間です。いつの間にか，保護者は私を「タイガー」と呼ぶようになりました。そして，自分たちを「タイガー・マザーズ」と呼んでいました。「タイガー」は，６年Ａ組の学級通信の名前でした。

　あるとき，保護者の皆さんは，「子どもたちのために団結しよう，『タイガー学級』を応援しよう」とそのシンボルとして，全家庭が１つずつ数字を貼り付けた直径５センチくらいのリンゴの形をしたアップリケを作りました。そして，それらをスナップで留めて模造紙１枚分くらいの大きさになる手作りカレンダーを縫ってくれました。通称「"アップル"ケ・カレンダー」は，文化祭の日に保護者の作品として，子どもたちの絵とともに教室に飾られました。子どもたちは，「母さんたちやりすぎ〜」とあきれながらも，まんざらでもなさそうでした。

　卒業してからもタイガー・マザーズとは交流が続きました。卒業時の懇親会で，リョウタ君のお母さんがこう言ってくれました。

「先生，リョウタは先生に会わなかったらきっと犯罪者になっていたと思い

ます。とっても悩んでいたんです。そして,『今年はこの子の年にしよう』と決意していたときに,先生が現れた！ これは,もう神のお導きだと思ったわ。先生は私のソウル・メイト（魂の友）です」

さて,学校や教師に対して不信感をもっていた保護者,そしてその先頭を走っていたリョウタ君のお母さんがなぜこうしたことを発言したのか,少し考えてみていただけますか。

2 保護者の味方になる

先程の事例をもとに,保護者を味方にする教師に必要なことを考えてみたいと思います。人を信頼するのは勇気が要ります。誰しも傷つきたくないからです。つまり,

> 人を信頼するのもチャレンジ

だと言えます。

人をチャレンジに導くエネルギーは何でしょうか。それは,安心感です。私たちは安心感があるときにチャレンジするのです。皆さんが,かかわりたいと思う人はどんな人でしょうか。恐らく不安感を与える人には近づきたくないのではないでしょうか。なんとなく安心できる人にはかかわってみようと思えるのではないでしょうか。

では,安心感を感じさせる人はどんな人なのでしょうか。安心とはもちろん,不安のない状態です。お腹が空くと不安になります。意地悪されると不安になります。どこかに行くときに道がわからないと不安になります。つまり,満たされない状態になると不安になります。

> 安心できる人とは,ニーズを満たす人

のことだと言えます。ここで,保護者のニーズを考えてみたいと思います。保護者はどんなニーズをもっているのでしょうか。

ベネッセと朝日新聞が共同で実施した保護者の学校や教育に関する意識調査があります[1]。それによると、「子どもの通っている学校に望む」ことで選択肢の中から保護者が高い割合で支持したのが、「子どもの学校での様子を保護者に伝える」「保護者が気軽に質問したり相談したりできるようにする」「学校の教育方針を保護者に伝える」でした。3つとも、2004年、2008年、2012年の経年比較で、9割近くまたは9割以上の保護者に選択され続けていました。
　ここからわかることは、保護者は学校のこと、学校における子どものことを知りたいし、コミュニケーションをとりたいと思っているということではないでしょうか。こうした観点で、エピソードを分析しながら、保護者を味方にするために必要なことを考察します。

(1) 子どもの様子を知らせる
　保護者は、子どもたちの学校での様子を知りたいと思っています。しかし、子どもたちは学校のことを意外と話しません。また、保護者がクラスの日常を知る方法はあまりありません。そこで、私が大事にしていたのは学級通信です。私は、学級通信を年間100枚程度出していました。授業日から考えると2日に1枚です。あまり多くても保護者が読むのが面倒になってきますし、少ないと期待感が下がります。保護者に負担なく、そして、興味をもち続けてもらうためには、年間100号、2日に1枚程度がよろしいかと思います。
　私の学級通信は、手書きで、連絡は最低限です。その内容のほとんどは教室の日常を書き綴ったものです。担任の考えは、少なめです。基本的に、担任の考えばかりダラダラ書くと、保護者は読みません。また、手書きだと担任のパーソナリティや感情が伝わると思います。活字文書が簡単に作成される時代だからこそ、保護者は手書きを喜んでくれました。

(2) コミュニケーションへの意欲を示す
　事例では保護者との初対面が、不幸にして生徒指導上の問題でしたが、私はそこでも保護者に「話したい」と伝えました。どのクラスを担任してもこのこ

とだけは伝えていました。

「何かあったら，何かなくてもいつでも来てください。連絡をください。三度のご飯より，話を聞くのが好きです」

ということを笑いを交えながら伝えていました。学校によっては，学級懇談会の後に，個別相談の時間を設けていると思いますが，懇談会に来ない保護者は気軽に相談はできません。

調査にあるように，

> 「気軽に」というところが大事

です。1年生を担任しているときは，教室が1階にあったので，用事がないときは，教室で仕事をしていました。「教室に居るときは声をかけてください」と言ってあるので，ふらっとやって来て，おしゃべりしていく保護者もいました。1年生の保護者は特に不安をもっている方も多かったので，好評でした。

保護者が教師に期待しているのは，授業やその他の指導面以外の部分では，「コミュニケーションできる人物であるか」というところだと思っていいのではないでしょうか。出会ったときに，まず，「私はあなたとコミュニケーションしたい人です」ということを伝えることがよい関係をつくる第一歩です。

(3) 考えを伝える

皆さんは，自分の考えていることを保護者に伝えているでしょうか。先程(1)で，担任の考えは少なめがよいと言いましたが，だからと言って「ない」のはダメなのです。「わからない」ことは不安を生むことになるでしょう。アンケートでは，保護者は学校の方針を知りたがっていましたが，担任と保護者の関係で言えば，それは教師の考えだと言い換えることができるでしょう。だからといって教育つまり，仕事に対する考え方ばかり伝えるのは禁物です。学校と違って教師は個人的な存在です。大事な情報は，「人となり」に関する情報です。「どんな人」に子どもを預けているのか，やっぱり保護者は気になります。教師としてではなく，どんな人物であるのかを伝えるようにします。趣味や関

心，好み，価値観などの話です。
　しかし，ここでも比率が大事です。「教師としての考え」と「人となり」の情報のどちらが多いほうが望ましいかと言ったら，「教師としての考え」です。「人となり」の情報は，添え物です。お刺身に例えると，

> 「学級のエピソード」が刺身，「教師としての考え」は醤油，「人となり」はわさび

のようなものです。ちょっとあるから抜群に効果的です。醤油やわさびは多すぎると，刺身の価値すら落としてしまいます。懇談会で，自分の方針をしっかり伝えた後は，学級通信で小出しにそれを伝えるようにします。

(4) どう見られるかではなく何を見せるか
　授業参観や懇談会が苦手だという方がいます。その気持ちはよくわかります。保護者の評価は気になるし，それによって仕事のやりやすさが変わってきます。しかし，「どう見られるか」という構えをもつと，気持ちは緊張し，体は硬直します。これではどんなことに取り組もうにもいいようにはならない気がします。そうでなくて，「どう見せるか」「何を見せるか」という風に発想を転換します。保護者とつながる機会は，多いようで少ないです。コミュニケーション量の少ないところに，よい関係性はできにくいものです。コミュニケーション量が少ないからこそ，その量を増やすように努めつつ，一つ一つのコミュニケーションの質を高めるようにします。
　そのためには，

> 自己プロデュースをする

のです。懇談会は帰ってしまう保護者もいますが，授業参観の参加率はそれよりも確実に高くなります。自分を見せる絶好の機会です。だから，年間計画を立てるときは，自分の最も得意な授業を授業参観日に当てるようにします。普段の授業はほどほどでも，授業参観の授業は自信のもてる内容で構成します。

授業参観の日には，生き生きと授業する自分，そして，子どもたちと楽しく授業している姿を見せるのです。教師はそれくらいの自己プロデュース戦略をもつべきです。

(5) 子どもとつながる

　保護者が教師を信頼するのは，子どもたちから

「あの先生好き」という発言が出たとき

です。子どもたちの教師に対する肯定的な感情が見られたときに，保護者の信頼感は確信となることでしょう。子どもたち一人一人と信頼関係をつくることは保護者とつながる必須条件です。図工は子どもたちの適切な行動が多く見られる場面です。そこで，子どもたちに個別にたくさん肯定的な声かけをするようにしました。自画像の後に描いたポスターでは，1枚に5時間くらいかけました。すると子どもたちに5時間，個別に声をかけたという計算になります。もちろん，一人あたりはもっと少ないですが，ポスターが完成したときにクラスの雰囲気が明らかに変わっていることに気づきました。

(6) 保護者を信頼する

　「この人，つながれない」と思ったら，つながることは無理です。どんな保護者であろうとも「つながれる」とまずは信じます。そうしないと，それが態度に出てしまいます。リョウタ君のお母さんとは，家庭訪問や電話を通じてよく話をしました。というよりも，よく話を聞きました。お母さんの方針を理解するようにしました。学校への否定的な思いをもつに至った経緯があるわけです。それを理解するようにしました。ドラッカーは言います[2]。「コミュニケーションを成立させるには，受け手が何を見ているかを知らなければならない」。前に，「安心できる人とは，ニーズを満たす人」と言いましたが，ドラッカーも同じことを言っています。教師は，保護者の信頼を獲得するためには，保護者のニーズを知らなくてはなりません。ニーズを知るためには，保護者の

話を聞かなくてはなりません。

> たくさん話を聞いた人が，人に要求ができる

という原則を忘れてはならないのです。
　保護者に信頼をするときにもう一つ大事なことは，

> 保護者に「助けてください」と言う

ことです。人は，助けや助言を求める人には攻撃的になれないのだそうです。保護者を対峙するライバル的存在として見るのでなく，子どもたちを共に育てる協同のパートナーとして頼ったらよろしいと思います。もちろん，頼るのは，教師としてやるべきことをやっていることが前提となることは言うまでもありません。

　しかし，保護者に「助けていただく」という姿勢で仕事に向き合ったら，あちこちで保護者に感謝する場面が出てくると思います。そうしたら，ためらうことなく，直接または，学級通信で「ありがとう」を伝えましょう。感謝は相手に信頼を伝える言葉です。惜しみなく伝えていいのです。

　保護者の話をたくさん聞いて，保護者のニーズを満たす。保護者を味方にする教師とは，

> 保護者の味方になることを決意した教師が実現できる姿

なのです。

【参考文献】
(1) ベネッセ教育研究開発センター・朝日新聞社共同調査『学校教育に対する保護者の意識調査2012ダイジェスト』ベネッセ教育研究開発センター，2013年4月
(2) P.F.ドラッカー著，上田惇生編訳『【エッセンシャル版】マネジメント　基本と原則』ダイヤモンド社，2001

　　　　　　　　　　　　　　　　　　　　　　　　　　　（赤坂　真二）

第2章

保護者を味方にする教師の心得

保護者を味方にする
教師の心得　実践編

1 小学校

共に育てる仲間となるために、子どもとつながり、保護者とつながり、保護者をつなごう！

1 若さと情熱で道を切り開けるのか

　教師は管理職以外みんな同列で常に比べられる存在です。周りは立派なベテラン教師ばかり。それでも、ぼくたち小学校教師は1年目からひとつのクラスを任され、即戦力であることを求められます。稽古も十分でない実力の伴わない役者がいきなり舞台に立たされるようなもので、

> **若い教師は教育理論も教育技術も十分でなくて当然**

なのですが、それが許されていないのがこの仕事の辛いところです。同時に「それがやりがいである」とも言えるのですが、誰もがこの圧倒的に不利な状態から立ち上がっていくしかありません。そのためには誰かの評価を気にしていてもいいことはありません。ぼくたちは自分にできる手の届く範囲のことを精一杯こなしていくしかないのです。

　少し前の話ですが、職員室にかかってきた問い合わせの電話が終わった後、「まったく！　先生はサービス業じゃないんだからね！」と、吐き捨てるように言った先輩教師がいました。皆さんはどう思われますか？

　ぼくはこっそり「電話の1本で保護者の信頼が得られるなら安いものなのに……」と思ってしまいました。

　教師は子どもたちのよりよい成長のために日々の実践を積み重ねていますが、それは子どもたちの生活のほんの一部にすぎません。集団生活での人間関係づくりという面において学校の占める役割は大きいと思いますが、子どもたちの生活時間はほとんどが家庭や地域で、保護者の影響が絶大です。

　教師が誠心誠意子どもたちのために考えて指導しても、各家庭でその教師に

対する不信感が語られたとしたら素直に聞き入れられるはずがありません。
　教師が指導を浸透させるためにはやはり保護者の信頼を勝ち取り，ベクトルをそろえて子どもたちをリードする必要があります。教師が右，保護者が左に連れて行こうとしたら子どもたちは引き裂かれてしまいます。それはとても不幸なことだと思いませんか？
　教師が，保護者との

信頼関係を大切にするのはなによりも，「子どもたちの幸せ」のため

なのです。
　初任者のぼくは教師としての力が全く伴っていませんでした。夢見続けた自分の教室を初めてもったとき直面したのは，「子どもたちが全く話を聞いてくれない」という状況でした。
　授業はうまくできず，子どもたちのトラブルを仲裁することもままならない。含蓄のある言葉で子どもたちを納得させることもできませんでした。そこで，授業改善のために教材研究に取り組んだのはもちろんですが，ぼくが普通と少し違うのは，毎日家庭訪問したということです。
　始業式から欠席した不登校のナオミを「なんとかしたい」と思って家庭訪問を始めたのですが，それを「ナオミだけにやったら不公平じゃないか？」と思い，１日最低１件の家庭訪問をすることにしました。当時は学校週６日でしたから，ゴールデンウィークまでに全部の家庭を回れました。アポなしですから，保護者がいなければ子どもと遊んだり，話したり，宿題を見たりしていました。教室では反抗ばかりするやんちゃ坊主も，二人きりで話すと意外と素直だったりするから不思議です。そのうちにお父さんが帰ってきたら，一緒にビールを飲んだこともありました。
　「保護者との信頼関係を紡ぐことが大切だ」などという思いがあったワケではなく，「話を聞いてもらうために保護者も含めて全員と友達になってしまおう」と思ったのです。出席番号順に続けること１か月。すっかり子どもたちと打ち解け，帰り際に「先生，今日サッカーする？」と誘われるようになった頃，

クラスはすっかり落ち着いていました。

当時は「うちの子がいうこと聞かなかったら，ガツンとやってください！」というお父さんも多く，それを聞いた子どもたちが「やばい！」と思ったのかもしれません（苦笑）が，なにより子どもたちとの関係が深まり，それと同時に，ぼくを知ってくれた家族や地域の方が応援してくれるようになったからだと感じました。それらから子どもたちや家庭や地域とつながることを第一に考え，様々な取り組みを積み上げてきました。

教師の一挙手一投足は子どもから保護者に伝わります。ですが，その情報は間違っていたり，子どもたちの都合のいいように曲げられていたりするものです。子どもたちのけんかの仲裁なんかをするとよくわかりますよね。

考えてみてください。職員室を見回しても「悪評が立って当然」というような教師はいませんよね。みんな一生懸命なのにトラブルに発展してしまうような不信が広まるのはなぜでしょう？

それは不安だからです。かけがえのない子どもたちを預けている保護者は，

① 担任は何を考え，どんな指導をしているのか。
② わが子は学級集団に受け入れられ，居場所をもっているのか。
③ わが子は意欲をもって自分自身を伸ばせているのか。

などと，不安を抱えています。こちらから積極的に情報を伝えることで不安を解消し，保護者とベクトルを合わせて子どもたちを共に導いていく関係をつくりたいものです。

夏休みも終わる頃，子どもたちの促しのおかげでしょうか？ナオミは何事もなかったように登校し，家庭訪問は減っていきました。そして，上記3つのことを念頭に置きながら，①自らの思いを発信する，②子どもたちの真剣な姿を見せる，③教師が見守っていることを伝える，④保護者とつながり，保護者をつなぐことを心がけて実践してきたことを紹介します。

2 思いを届け，子どもたちの姿で語ろう！

(1)「有言実行」学級だよりで自分の思いを発信すべし！

　教壇に立ったときから，そのクラスの子どもたちにとって最大の教育環境は教師である皆さんです。

　子どもたちに理想を語り，その理想の実現に向けて子どもたちを導いていかなければなりません。

　これまでの教師生活で，ただ一度もった2年生のときの学級だよりを紹介します。「みつバチ」です。

　学級だよりを通して，こちらから積極的に思いを伝え，情報を提供していくことを宣言しました。

　下半分は，次の週の学習予定になっています。子どもたちの動きがわかる学級だよ

学級だより「みつバチ」（2年生）[1]

※右下のQRコードを読み込めば詳細な情報が手に入ります。

「なかよく心と体をきたえよう！」
　2年2組の担任をさせていただきます。澤村力也です。よろしくお願いします。
　入学式の祝芸，校外児童会などなどいろいろな活動に忙しく，なかなか今年の目当てを話し合うことができませんでしたが，ようやく話合いをもつことができました。
　子供たちは「二重跳びをたくさんできるようになる」「風邪をひかない」など元気な体を作ることや，「かけ算をできるようになる」「漢字を覚える」など学習に関すること，それから「仲間はずれを作らない」「入れてっていわれたら入れてあげる」などみんなと仲良しになることなど，それぞれの目当てを発表してくれました。
　これから1年間，みんなでなかよく心と体を鍛えていきたいと思います。
　この学級通信は子供たちのがんばりを支える大人のつながりを深めることを目的として発行することにしました。学校でのがんばりを家庭に，家庭や地域でのがんばりを学校に運んでくれるミツバチになってくれればと思っています。
　子供たちの大きな実りのための助けとなってくれることを願っています。

りを目指しました。

　この学級だよりは，毎週金曜日発行で計42通出しました。当時の勤務校では，子どもを通して保護者に渡るすべての書類を管理職にチェックしてもらわなければならないことになっていたので，金曜日に発行するとすれば木曜日には起案しなければなりません。タイムリーに出すことが難しかったので苦労しましたが，自分自身が常に1週間後を意識して生活していたため，慌てることが減りました。事前に学年主任と相談しておき，見通しをもって取り組めば，子どもたちに対する指導も余裕ができ，安心感を与えることができます。大事なことをうっかり忘れていて，子どもたちに謝らなければならないようなことがなくなり，信頼度も上がります。焦らなくてよくなったので多忙感も減りました。

　ただ，一度大きな失敗をしてしまいました。教師の言葉の欄で，子ども同士のトラブルを書いたことです。名前は伏せたのですが，一方的な加害者として扱われた子どもの保護者から「わざわざ紙面で吹聴された」とお叱りを受けました。確かに実名を伏せたところで，各家庭で子どもたちから聞くことになり，全く秘密にはなっていません。

　たとえ事実であったとしても，

望ましくない事例は直接的な表現を避ける

べきです。別の事例に置き換えたり，例え話で載せたり，マイナスの内容を「～しましょう」とプラスに変えたりすれば，前向きな内容にできます。

(2) 子どもたちのがんばりや成長を見せつけるべし！
① 学級だよりに子どもたちの感想を載せるべし！

　さて，実はこの学年だよりのメインは裏側にあります。毎週，子どもたちの書いたものの中からいくつかをピックアップして掲載していきました。掲載する作品は偏りが出ないように名簿にチェックしながら選んでいきました。

　教師の思いと指導方針を追いかけるように子どもたちの生の感想が載せられることで，それがどのように子どもたちに染み込み，実際の学習活動がどのよ

うに展開されているかが立体的に見えてきます。

そこでさらに、保護者の感想を書いてもらう場をつくりました。右下の空白は「保護者の感想欄」です。「保護者の感想欄」には学級だよりや子どもたちの様子に対する感想を書いていただきました。毎週、どこかにこの欄を設けて反響を載せました。保護者の声への反応もあったりしてどんどん盛り上がっていきました。

「教師の言葉」→「子どもたちの感想」→「保護者の感想」→次の「教師の言葉」というようなスパイラルを通じて、教師の指導と保護者の見守りの中、だんだん高まっていく子どもたちの姿が学級だよりを通して見えてきました。

学級だより「みつバチ」（裏面）

学級だよりを続けるためにだけではないですが、ぼくは子どもたちをより一層丁寧に見て、その中から次の活動を発想していけたような気がします。ネタ探しも兼ねて子どもたちと一緒に遊び、話しました。

遊ぶことで、授業中にはなかなか見られない子どもたちの本当の姿が見えてきます。縦横のつながりやどんなことに喜びを見出しているかなど、子どもたち一人一人のよさを見つけ、それをフィードバックすることで成長の実感を与える。そうすれば、学校はどんどん楽しくなります。その姿をまた学級だよりで保護者に伝えていきました。

② 授業参観でがんばりを見てもらうべし！（国語編）

授業参観は、子どもたちのがんばりを見てもらえるチャンスです。ですが、

昔ながらの一斉授業ではなかなか全員が活躍している場面を見ることができません。

そこで考えたのが「語り大会」です。子どもたちが読みたい場面を選んで目当てを決め，あらかじめカードに書いておきます。1週間前くらいから練習し，それを子ども同士で聞き合い，アドバイスし合って授業参観が本番です。なぜ「音読」ではなく「語り」かというと，「相手に伝える」という意識をしっかりともたせたかったからです。

当日は，①語りのポイントを確認する（全体），②保護者をつかまえて語りを聞いてもらい，感想を聞く（できるだけたくさん），③感想を話し合う（全体）という展開で行います。

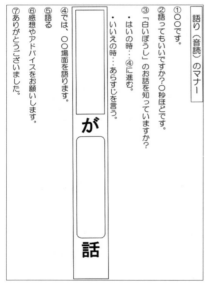

語りのマナーカード

語り（音読）のマナー
①〇〇です。
②語ってもいいですか？〇秒ほどです。
③「白いぼうし」のお話を知っていますか？
・はいの時…④に進む。
・いいえの時…あらすじを言う。
④では，〇〇場面を語ります。
⑤語る
⑥感想やアドバイスをお願いします。
⑦ありがとうございました。

教師が司会に立って話し合うのは最初と最後の5分ずつ。あとはそれぞれ子どもたちが目当てを言って，音読して，感想をもらっての繰り返しで，ずっと活躍している場面が見られます。

なかには，保護者に言い出せない子が出てきて，周りの子が励ましたり，自分のお母さんにその子をつかまえてもらうように頼んであげたりする子もいて，一層素敵な時間になりました。

みんなが活躍できる授業参観。お勧めします。これも事前に学級だよりなどで意義や内容を伝えておくとより効果的です。

③ **手作りの宿題でがんばりを見てもらうべし！（理科編）**

ぼくの理科は単元で扱う事象についての疑問を出し合うところから始め，それをみんなで一つ一つ解決していくスタイルをとります。理科を暗記教科ではなく，予想を立ててそれを実証する「考える授業」にしたいからです。

実験が多いとどうしても時間がかかり，基礎的な事項の押さえが弱くなります。そこで「理科実験紙芝居」という実践をしています。

　毎時間の展開をイラストにし，次時のはじめにそのイラストを大型テレビに提示して，子どもたち全員で一斉にそれを説明します。みんなの前で発表したい人に挙手させて説明させ，付け足しなどを聞きます。

　ポイントはここでも全員で一斉に行うことです。今年は4つの単元で作りました。最初の2つはイラストにしただけだったのですが，後半では穴埋め問題にしたりして用語を押さえたり，クイズ形式で1つずつ聞いていったりといろんな形態を試してみました。

　学力調査でも平均を上回っていたので効果はあったと思っています。なにより，子どもたちが楽しみにしてくれたのがうれしかったです。単元のまとめでは，右のようなプリントにまとめて保護者に学習したことを説明する，という宿題にしてみました。

　授業参観では子どもたちが全員で説明するシーンが好評でした。

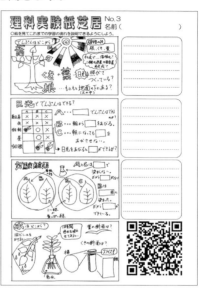

理科実験紙芝居「でんぷんはどこから」(2)

※ QRコード読み込みで詳細な情報が手に入ります。

(3) 「きちんと見守っている」と感じてもらおう！

　子どもたちの様子を見ていて気になったことは，その日のうちに個別に連絡帳に書いて保護者に伝えています。日頃の細やかな心遣いは保護者の安心感を高めることにつながります。

　しかし，「いかに子どもたちをきちんと見守っているか」を伝えられる最大のチャンスは通知表にあるのではないでしょうか？

どんな目標のもとに，何を指導し，どこを評価したか。教師の取り組みは子どもへの評価で一目瞭然です。ぼくは子どもたちの暮らしぶりをしっかり見つめ，具体的な場面をとらえ，一人一人に合わせた所見を書くために記録することを大切にしています。

　「1日5人見る」などと決めて，エクセルなどに書き残していく仲間がいます。ぼくは子どもたちに授業の感想を書いてもらってそれを書きためていくことを続けています。自己評価に合わせて，相互評価も取り入れると，授業中では気づけなかった一人一人のよさがより把握できます。

　お勧めは小型のカメラを持ち歩いて写真を撮っていくことです。一日の終わりにその日撮った写真を整理すると子どもたちの様々な姿が浮かんできます。毎時間の子どもたちの様子からピックアップして学習のまとめの掲示に使ったり，新聞係に提供したりすると喜ばれます。それらを駆使して，子どもたちのがんばりが最も表れている所見を考えるのです。個別懇談でよさをたっぷり伝えてあげましょう！

(4) 保護者とつながり，保護者をつなごう！

　授業参観と保護者会は保護者同士のつながりを深めるチャンスです。年数回の機会を使って，子どもたちの発達段階などに合わせたエクササイズを計画的に行っています。

　今回，紹介するのは「昔描いたあんな夢，こんな夢」です。

　まず，自分の小学生時代を思い出して，親に言われてうれしかったこと，将来の夢，友人関係などを思い出して語り合い

「昔描いたあんな夢，こんな夢」(3)
※ QRコード読み込みで詳細な情報が手に入ります。

ます。

その後，今の子どもたちの夢や悩みなどを予想します。

そして，最後に実際に子どもたちに書いてもらったものを配付して振り返りを行うのです。

保護者同士が仲良くなれば，子どもたちがトラブルになっても協調して対応することができ，全員にとって幸せな解決ができやすいと感じています。

3 子どもとつながり，保護者とつながり，地域とつながろう！

恥ずかしながら，学校が地域のよりどころになっていることに気づいたのはごく最近のことです。

20年あまりの教師生活でこれまで6つの学校を経験しましたが，どの学校にも学校のために力を尽くしてくださる方がいて，学校は常にそういった方々の力とネットワークに支えられていました。

そして，そんな方々は皆その地域の学校の卒業生なのです。

子どもたちは卒業後もずっとその地域で暮らし，地域の学校を核としたコミュニティの中で生き続けていくのです。教師，仲間，保護者，地域の人々を互いに結びつけていくことで，永遠に続くつながりをつくる。ぼくらの教室からそんなことが始まるとしたら素晴らしいとは思いませんか？

そのための信頼関係を大切に築いていきたいと思っています。

【参考文献】
・高橋伸二，八巻寛治編著『保護者会で使えるエンカウンター・エクササイズ』ほんの森出版，2003

【注】
澤村力也「心の教室〜道徳とぼくと特活と〜」
(1) http://rixaw7.blog.so-net.ne.jp/2016-03-13-1
(2) http://rixaw7.blog.so-net.ne.jp/2016-03-13-2
(3) http://rixaw7.blog.so-net.ne.jp/2016-03-13-3

（澤村　力也）

2 小学校

懐に飛び込む

1 保護者との関係をよくする理由と方法

(1) 保護者との関係をよくする理由

皆さんは懇談は好きですか。家庭訪問はいかがですか。

私には2人の息子がいます。次男が中学校に入学する年から，私は教師になりました。つまり，息子たちが小学生のときは，教師ではなかったのです。教師になるつもりもまったくありませんでした（詳しくは『やる気を引き出す全員参加の授業づくり』(1)に書きましたので，ご覧いただければ幸いです）。

「教師」というフィルターを通さず，担任の先生たちと付き合い，学校の諸々を見てきました。それは，私の強みと言えるかもしれません。

自分の子どものためにも，担任の先生とはいい関係でいたい……保護者はそう願っています。

でも，それがうまくいかないときがあります。それは保護者に問題があるのではなく，教師側に問題があると考えてほしいのです。保護者との関係に悩んでおられる方は，まずそう考えることから始めませんか。

モンスターペアレントなんていないのです。教師との関係の悪さが，保護者をモンスター化させてしまっているだけなのです。

相手を変えることはできません。主体変容。とにかく自分を変えることです。

保護者を変えることはできない。自分が変わろう。

保護者との関係がぎくしゃくし始めたある若手教師が，「子どもとはうまくいっているから，保護者とはうまくいかなくてもええねん！」と豪語していました。果たして本当にそうでしょうか。

私はこう考えます。

> 保護者との関係の悪さは，子どもとの関係に悪影響を及ぼす。

よく聞く話かもしれませんが，最近の保護者は，クラス替えがあった日に，子どもの前で平気で担任のことを「アタリ」「ハズレ」と値踏みします（ご丁寧に，そのことを担任に知らせてくれる子どももいます）。当然，担任の悪口も子どもに言います。言わないにしても，親の表情や態度から，担任をどう評価しているか，敏感な子どもには伝わります。

親が信頼していない担任を，子どもが信頼できるでしょうか。

私は懇談が好きです。家庭訪問は何の苦にもなりません。むしろ喜んで行っています。時間が許せば，何時間でも保護者と話したいと思っています。

なぜなら，私は保護者が好きだからです。保護者には助けていただいていると心底思い，感謝しています。

> 担任の至らない部分を保護者がカバーしてくれる。

例えば，私はしょっちゅう配り忘れをします。宿題や連絡帳はまだいいほうで，終業式の日に渡す予定だった学級通信を配り忘れたこともありました。メール配信を使ったり，配り回ったりしてなんとかするのですが，そういうときでも，保護者が子どもに何と言うかで，子どもの担任に対する印象は変わります。

「わざわざ持って来てくれて，いい先生ね」

「また配り忘れたの？　子どもには忘れ物を注意するくせに，ダメな先生ね」

保護者との関係性で，どちらになるかが決まります。

前述の「モンスターペアレントなんていない」にも関連しますが，こんなことがありました。ある保護者が私に，こうおっしゃったのです。

「私はみんなからモンスターペアレントって言われてるけど，志乃先生の応援団やからね。校長とかから何か言われたら，私が助けたるから言ってや」

このようにして，力のない私は多くの保護者に支えられてきたのです。

(2) 保護者との関係をよくする方法

私は40歳で教師になりました。それまでは，民間等で働いていました。その頃から，私が人と接するときに大切にしていることは，

> 相手の懐に飛び込む

ことです。相手の懐に飛び込むことができれば，邪見にされることはありませんし，可愛がってもらえます。

でも，誰もが懐に飛び込ませてくれるわけではありません。相手が私を懐に飛び込ませてくれるよう，私は次のことを大切にしています。

> ① いつも笑顔でいる
> ② 信頼される
> ③ 自己開示する

難しいことは何もありません。意識するかしないか，やるかやらないかだけの問題です。少しでもあなたのお役に立ち，懇談好き，家庭訪問好き，保護者大好きの先生になってくださることを（保護者の立場からも）切に願います。

2 保護者の懐に飛び込もう

(1) いつも笑顔でいる

① プラスのオーラを発する

子どもに愛情をもって接していて，学級経営も見習うところが多いベテラン教師がいました。でも，保護者との関係は毎年よくないのです。保護者からの評判が悪く，トラブルもよく起きていました。その保護者の子どもは，担任の

ことをバカにして，その先生もかなり苦労をしていました。

　数人の保護者が，そのベテラン教師について，「無表情で無愛想」と評しているのを聞きました。笑顔がないというのです。その教師の言い方は優しいのですが，顔がいつも怒っているようなので，冷たく感じるらしいのです。

　「そんなことぐらいで保護者との関係が悪くなるなんて」と思われるかもしれません。でも，考えてみてください。あなたも表情や雰囲気でその人の内面を判断してしまうことはありませんか。

　その人の内面が表情や雰囲気となって表れるのだとしたら，その内面を磨くのがまずは大切なことだとは思います。しかし，そんな悠長なことは言っていられません。最初はつくり笑顔でもかまいません。眉と口角を上げ，心持ち高いトーンで話をしましょう。

　特に出会いのときは，意識して笑顔でいましょう。学級開きのときも担任の笑顔が子どもの印象に残れば，帰宅して親に「よい報告」ができます。保護者と初めて出会う学級懇談や家庭訪問は「輝くような笑顔」で過ごしましょう。

> **プラスのオーラを発する。**

そんなイメージです。

　いつも笑顔でいること……こんなアドバイスは当たり前すぎることですが，周りを見るとできていない人が多いように思います。笑顔は私の七難を隠してくれていると感じます。ぜひ，意識してみてください。

　②　ピンチはチャンスと思い込む

　それは，クレーム対応のときも同じです。ニコニコとした笑顔は不適切ですが，眉間にしわを寄せたような表情では保護者の懐に飛び込むことはできません。

　あることで，他のクラスの保護者からクレームが出たことが何度かあります。まだ関係が築けていない保護者です。もうこれは開き直るしかありません。誠意を尽くすのみです。土下座覚悟です（実際に土下座をしたことも２回あります。いえ，土下座がいいと言っているのではないのですが……）。

こういうとき，私はいつも心の中で「ピンチはチャンス」と繰り返します。そうすると，暗い表情にならなくてすむのです。

> **ピンチはチャンスと思い込む。**

　「思い込む」ことが大切なのです。実際，上記のクレーム対応のすべてがチャンスに変わりました。お怒りの保護者の懐に飛び込むことができ，次年度以降にもつながるよい関係が築けました。

③　苦手な保護者をつくらない
　人間ですもの，「苦手な人」っていますよね。でも，特定の保護者を「苦手」と決めつけてしまうと，その保護者の前ではどうしても笑顔でいることができなくなります。
　では，どうすればいいのでしょう。これも簡単なことです。きっと子どもに対してもしていることだと思います。「よいところを見つける」のです。これは訓練するといいですよ。私は電車の中などでも，周りの人を見て「よいところ」を探す訓練をしています。

> **苦手な保護者をつくらない。**

　職員室などでしてしまう保護者の悪口もこれを機にやめましょう。

(2) 信頼される
①　信頼する
　信頼されるためには，まずこちらが信頼することです。
　宿題をしてこなかったり，忘れ物が多かったり，学校で落ち着かない状況であったりする子どもは，家庭に問題があることがよくあります。
　家の中が荒れていて勉強できる環境ではないのです。家の中に物が散乱していて，テレビはつけっ放し。夜，子どもを家に残して遊びに出ている保護者。そんな状況に出会ってきました（ここには書けないくらい，過酷な環境にいる子どもたちにも出会いました）。

子どもに愛情があるのか，疑いたくなることもあります。でも，このような保護者でも信じるのです。いえ，このような保護者であるからこそ「信じている」ということを伝えるのです。
　そんなときに，私が心がけているのが，

> 「共感・ユーモア・スルー」で接する

ということです。
　まずは，共感。
　子どもを残して夜遊びに興じている保護者。その理由が，仕事と育児のストレスだとおっしゃるとき……共感します。
　「そうですよね。お仕事と育児の両立って，本当に大変ですよね。たまには羽根を伸ばしたくなりますよね。すごくわかります。そんな大変な中，この間はお子さんの音読を聴いてくださり，音読カードにサインしていただき，ありがとうございました。○○ちゃん，お母さんに音読ほめてもらえたと喜んでいましたよ」
　共感し，保護者ががんばっていることを承認し，感謝するのです。もちろん，虐待が疑われるときは，管理職に相談の上，しかるべきところに連絡してください。
　そして，ユーモア。
　「明日，少しでも雪が降ったら，うちの子休ませるから」と保護者から言われたら，どう返事をしますか。例えば，私はこのように返します。
　「雪が積もったら，道路も危険ですものね。わかりました。そのときは，スカイプで授業しますわ。（笑）うーん，でも，私も学校に来るの危ないなぁ。私も休んでいいですか？」
　「ええで（笑）」
　「わーい！　□□さんの許可が出たから休みます。（笑）あ，でも，そうしたら雪遊びできないなぁ。私，子どもの頃，アナかエルサかっていうくらい雪遊びが大好きで……雪が降ったらテンションがあがる〜！　○○ちゃんも雪遊び

楽しみにしてはりましたよ」
……という感じで，ユーモアの力を借りて，保護者の子どもを思う気持ちと，良識ある行動を信じるのです。

　最後に，スルー。

　小学校でも，頭髪や服装にある程度のルールがあると思います。そんな「学校のルール」と「保護者との関係」，どちらを優先するかと言えば，私は「保護者との関係」を優先します（これは大きな声では言えませんので，ぜひとも小さな字で書いていただきたいのですが……）。ある程度のことは，見て見ぬふり，気づかぬふりをします。それは，保護者に媚を売るのではなく，（特に初期の）信頼関係を構築する上で大切なことだと私は考えます。

　「共感・ユーモア・スルー」については，（特に高学年の）子どもに接するときにも有効です。『思春期の子どもとつながる学級集団づくり』[(2)]にも書かせていただきましたので，ぜひご覧ください。

　② 子どものよいところを伝える

　私自身が小学生の保護者だった頃，学級懇談で息子のことをほめてもらったのがとても嬉しかったことを覚えています。どんな状況でも息子のことをほめられるのは嬉しいのですが，他の保護者の前でほめられるとさらに嬉しくなるものですね。

　単純なもので，息子のことをほめてくださる先生のことは好きになりますし，息子のことをよく見てくださっているのだと信頼するようにもなります。

　そんな経験があるものですから，私は教師になってから，学級懇談では，保護者お一人ずつに，具体的な事実をプラスしてお子さんのよいところを伝えるようにしています。

　これは，もちろん学級懇談に限りません。何かの用事で保護者に電話をするときも，会って話をするときも，「○○さん，がんばっていますよ！　朝の会で，論語の暗唱を一人で堂々とされました。感動しましたよ」など，よいところを伝えます。

　学級通信でも，よいところをどんどん載せていきます。ただ，このときに気

を付けないといけないことは、公平に載せるということです。私は名簿でチェックしています。

保護者に会ったときに、

> 条件反射的に子どものよいところを伝える

ように、私は心がけています。「○○さん、がんばっていますよ！」は私の口癖になっているかもしれません。

③　誠意を尽くす

子どもが宿題をしてこなかったり、忘れ物が多かったりするのは家庭に問題があることが多いと前述しましたが、そんなときは、放課後に宿題を一緒にして家に送ったり、忘れた物を私が用意したり、できる限りのことはしています。辞書を買って、「家にあったいらない辞書だから」と渡したこともあります。

悩みを抱えている保護者の話を聞くために、管理職に許可をとり、居酒屋で３時間話を聞いたこともあります（このことについては、前掲の『思春期の子どもとつながる学級集団づくり』[2]に詳しく書きました）。

> 自分のできることを精一杯する。

また、子どもがケガをしたり、けんかをしたりして、保護者に連絡しないといけないときは、状況にもよりますが、子どもだけで帰さずに、一緒について行くようにしています。保護者を心配させない誠意でもありますが、もう一つ大切な意味があります。

子どもは自分の都合のいいように出来事を話します。それで保護者に誤解が生じることがあるのです。それを防ぐためにも、一緒に子どもと下校して、監督不行き届きであったことを謝罪するとともに、子どもに確認しながら事の経緯を説明します。

また、誠意を尽くし、信頼されるために、教師になったときから私が気を付けていることは、

> タメ口をきかない

ことです。私は40歳で教師になりましたので、そのときから、保護者はほとんど年下でした。でも、ずっと敬語で話しています（もちろん、状況によっては親しみのある言い方になることもありますが）。

　教師がサービス業かどうかはわかりませんが、「サービスを提供する側」と考えると、タメ口はあり得ません。民間で働いていたからか、タメ口で話したり、「上から目線」で保護者と接したりしている教師を見ると違和感が生じるのです。

(3)　自己開示する

　前述の通り、私はかなり「どんくさい」です。配り忘れはまだいいほうで、家庭訪問期間中に家庭訪問に行くのを忘れて保護者から電話がかかってきたり、保護者の家の前で車が脱輪して救出していただいたり、……私の失敗談を挙げ始めたらキリがありません。

　偉そうにしようにも、こんな私ですから偉そうにすることができません。ありのままの私を見せることしかできません。時には、私が離婚していることも、保護者に話します。

> 自己開示する。

　松下電器（現・パナソニック）創業者の松下幸之助さんの言葉に次のようなものがあります。

　「私には３つの財産がある。それは学校へ行かなかったこと。健康に優れなかったこと。そして、決断に弱かったことだ。だから、人が教えてくれたり、助けてくれたりして成功した」

　できないこと、足りないこと、欠けていることがあるから、いいのです。だから、人は懐に飛び込ませてくれるのではないでしょうか。

　そう考えると、「若くて、経験が浅い」ということは、保護者の懐に飛び込

む大いなるチャンスをもっていると考えられませんか。

3 保護者の味方になる

いろいろ書きましたが、保護者が一番喜び、担任を信頼することができるのは、自分の子どもに成長を感じるときです。そう考えれば、学級づくり、授業づくりに邁進することが、保護者を味方につける最強の方法と言えるかもしれません。

保護者は敵ではありません。自分の子どものために、教師の味方になりたいと思っています。あとは、あなたがそんな保護者の懐に飛び込み、

> 保護者の味方になる。

覚悟を決め、本書を参考に行動を変えていくだけです。

【参考文献】
(1) 赤坂真二編著『やる気を引き出す全員参加の授業づくり 小学校編』明治図書, 2016
(2) 赤坂真二編著『思春期の子どもとつながる学級集団づくり』明治図書, 2015

（永地　志乃）

3 保護者と仲良くなれれば子どもも育つ
～保護者との関係をよくする～

学級経営の中に保護者経営あり！

　学級経営という言葉があるように，私は保護者経営という言葉を用いて保護者対応を考えています。学級経営の中に保護者経営があると考えてください。保護者と良好な関係を築くことが，学級経営の大きな鍵を握る時代になってきているのです。この本を読まれている皆さんも，周りの学級やご自分の学級において思い当たることがあるのではないでしょうか。

　子どものトラブルは，学校内でも解決できます。難しいのは保護者対応のときです。昔のように「大丈夫ですよ。先生っ」「先生の言うことなら」「私の子どもも悪いんですよ」というようなトラブルへの理解があり，互いに非を認め合う時代ではなくなってきています。現在増えてきているのが，「弁償はしてもらえるのですか？」「なぜ私が謝らなければいけないのですか？」「私の息子も傷ついているのですよ！」と，折り合いをつけられず，互いに非を認め合うことができない，そんな保護者ではないでしょうか。「子どもの将来を考え，前向きな解決にしましょう」というような前向きな発想をもっていない保護者が多い時代に入ってきているのです。

保護者の担任信頼が子どもの担任信頼につながる

　保護者経営がうまくいくということは，保護者が担任のよさを子どもに語ってくれることにもつながります。

> お母さんが先生のおかげで私が自分のことをたくさん話せるようになったからいい先生だねと言っていました。
> （自主学習帳より）

　上記のように，「お母さんが先生のことをいい先生と言っていた」という言葉があるだけで，子どもの担任を見る目が変わります。そうなれば学級経営の大きな壁を一つ乗り越えたことになります。子どもに対して強く叱ってしまった場合やミスをしてしまった場合にも，「あなたたちにも悪いところがあったんじゃない？」「先生にだってそんなミスあるよ」と，フォローしてくれます（もちろん，失敗は減らさなければいけませんが）。教師も人間ですから，感情的に叱ってしまったり，ミスをしてしまったりすることもあるでしょう。そのときに保護者経営がうまくいっているか否かで全く異なる結果になるのです。

　保護者が担任を信頼し，認めていくとそれが子どもにも伝染していきます。「いい先生だね」と保護者が言えば，「いい先生だよ」と子どもが言うようになります。年齢関係なく保護者が「いい先生だね」と言えば子どもも嬉しく感じるものですし，そのような目で教師を見るようになります。だからこそ，細かな配慮が保護者経営には必要になるのです。

SNSで情報が広がる時代における保護者経営

　ネット時代の現在は，異動があったとしてもその評価は噂として流れる可能性が高いです。「〇〇先生ってどんな先生？」携帯を用いた保護者のネットワークはとても広いです。保護者経営がうまくいっていれば「いい先生だよ」となります。今現在の評価が異動先の保護者の評価にもなるのです。「スタートをプラスで始められるか」「マイナスからのスタートになるか」，このようなことも学級経営に関わってきます。新任の先生方は，まずは「新任」ということでマイナスからのスタートをイメージしておいたほうがよいでしょう。しかし，大丈夫です。そんなマイナスからのスタートでも，保護者経営をうまく行えばプラスに変えることができます。そして，それが皆さん自身の教師生活を豊か

にし，プライベート生活をも豊かにしていきます。

(1) 保護者を味方にできた具体例

① 欠席の連絡時に保護者を気遣う言葉を必ず入れることで信頼度アップ！
② よさを伝える電話対応で信頼度アップ！
③ 「笑い」と「笑顔」で保護者との関係が良好になる！

① 欠席の連絡時に保護者を気遣う言葉を必ず入れることで信頼度アップ！

欠席の電話対応で，子どもの状態を聞き終えた後，必ず「お母さん（お父さん）も体調大丈夫ですか？ お母さん（お父さん）も気を付けてくださいね。お母さん（お父さん）が倒れるとみんな大変になるでしょうからね」と明るい声で話をします。子どもが心配されることはあっても「まさか私（母親・父親）まで気遣ってもらえるとは」と，感じる方が多いようです。保護者と担任のよいつながりが子どもの心の安定につながります。そう考えると保護者の体調を気遣い，言葉がけすることは当たり前のように思います。保護者は，その何気ない言葉に，優しさ，温かさを感じていただけるようです。

② よさを伝える電話対応で信頼度アップ！

学期に最低1回程度は子どものよさを連絡します。欠席の連絡があった後やトラブルのあった後でもいいですが，よいところ，がんばっていたところだけの連絡ということも大切です。

私も子どもができ，保護者の立場になってわかったことですが，自分の子どもが幼稚園などでどのように集団に溶け込んでいるのか全く見えません。そのような中，学校からトラブルの連絡ばかりだと保護者はどう考えるでしょうか。学校からの連絡が嫌になり，担任との会話も煩わしくなり関係は切れていくでしょう。もちろん，トラブルなどは事実として連絡しなければいけません。しかし，マイナス面ばかりを報告し，プラス面を報告しなければ保護者は学校での自分の子どものよさを知らず，叱ること中心になっていきます。耳の痛い話ですが学校でも叱られ，家庭でも叱られ，自尊感情が低くなり，マイナス世界

に「教師が」引きずり込んでいくことになるのです。「先生は，私の子どもの悪いところばかり見て，よさを見ようとしてくれない」という気持ちが膨れ上がり，担任との信頼関係を築きたいとも思わなくなるでしょう。

　保護者は，子どもの小さな成長を見ることを忘れてしまうことがあります。小さい頃は「立って歩くこと」「一言話せるようになること」「平仮名が読めるようになること」など，些細なことを喜び，ほめ，子どもの存在を認めていたはずです。しかし，いつしか自分の思い通りに育ってくれず，動いてくれないことで焦り，子どものできないことに目がいき，学校からは聞きたくないような連絡が入る。そして，叱り続ける。このような状況に陥ることも多々あるのです。そんな保護者の悩みに終止符をうつことができる人が教師なのです。それは，教師が子どものよいところを多く保護者に伝え，「共に育てていきましょう」と根気強くかかわっていくことです。悪いところは悪いと指摘し，改善を促していいのです。ただ，よいところも保護者に伝える。そして，保護者と笑顔で話す。そんな保護者との関係を築いていくことで，保護者も子どもも変わっていくきっかけを得ることができるのです。

　保護者によさを伝えるときには，

① 「事実＋その価値」　② 「お母さんがかかわっているから伸びている」という事実　③ 「事実＋担任のIメッセージ」　※冗談も交えると伝わりやすくなります。

① 「Cさん，Dさんがこぼした給食をすぐに一緒に片づけてくれていましたよ。**（事実）**気遣いや心遣いが素晴らしいですね。**（その価値）**お母さんができているからだろうな。**（ちょっとした冗談）**」

② 「Bさん，最近字がきれいになっているのですよ。お母さん何か言っていただけたのですか？ **（お母さんがかかわっているから伸びているという事実）**」

③ 「A君，ここ1週間くらいクラスマッチ実行委員として昼休みにみんなと話し合って進めていましたよ。**（事実）**自分から率先して動く成長している姿に嬉しくてですね。**（担任のIメッセージ）**」

など，一言あれば，保護者も嬉しいものです。そして，そんな一面に気づいてくれ

る教師を必ず慕ってくれるようになります。具体的であればあるほどよいです。
　③　「笑い」と「笑顔」で保護者との関係が良好になる！
　「笑い」が会話の中に生まれると保護者との関係がよくなります。そこで「笑いを電話や顔を合わせる中でどうやって生み出すのか」がポイントになります。お笑い芸人が行うような「笑い」ではありません。会話の中で心地よくなるような自然な「笑顔」や，リアクションを少し大きくして声に出す「笑い」です。要は保護者との距離を縮める「笑い」が大切になるのです。

> **電話でのポイント**
> ①明るい声で話す。　②抑揚を大きくして話す。　③自分から笑う。
> ④小さな内容でも笑う。　⑤相手を気遣う言葉を大切にする。
> ⑥共感する。（聞き役に徹する）

ということが大切になってきます。緊張感をもって話せば相手も緊張しますし，こちらが怖がって話せば相手もその感情を声の質から聴き取ってかたくなります。急にできるものではないかもしれませんが，できるだけ多くの電話を取ることで自分の練習になり，上手になっていきます。また，**電話をかけたときには「今お時間よろしいですか？」と相手の予定を確認して話す**ようにします。教師は電話対応術なども学んでいないものです。電話の受け答えの仕方一つでトラブルになることもあります。ベテランの先生方の電話での話し方・聴き方をしっかり学ぶことが保護者との信頼関係にもつながります。

> **顔を合わせるときの笑いのポイント**
> ①表情を明るくして話す。　②明るい声で話す。　③抑揚を大きくして話す。
> ④表情の変化を大きくして話す。（驚きの表情，困った表情，笑う表情）
> ⑤話をする中で相手が少しでも笑ったら，こちらはより大きく笑顔に。
> ⑥緊張せずに少し砕けた感じを大切に。（フレンドリーな部分も大切に）
> ⑦基本は聞き役に回る。（相手の話したいことを引き出す）
> ⑧できるだけ共感する。

先生方それぞれに個性がありますので、すべてがすべての人に当てはまるわけではありません。ただ、「自分がうまくいった」と思える小さな気づきを自分の強みにしていくことで少しずつ上達していきます。ここでも、保護者は教師の味方であり、共に子どもを成長させる仲間という意識をもっておくことが大切になります。

(2) 保護者を味方にできた具体例②
【子どものトラブル対応を丁寧に解決することでの信頼度アップ術
～保護者からの「学校行きたくない」との連絡から～（高学年女子）】

①保護者からの連絡 ⇒ ②聴き取り ⇒ ③対応 ⇒ ④当日の事後連絡 ⇒ ⑤見守り・フォロー ⇒ ⑥１週間後の事後連絡

① 保護者からの連絡
　教師生活では学級経営がうまくいっても、様々な理由から学校に行きたくないという子どもが出てくることがあります。ある朝「昨日の夜、泣きながら学校に行きたくないと言っていて……」という電話がかかってきました。私は「すみません。今日すぐに話を聴いてみますね。ご心配おかけします。任せてくださいね。また、放課後にでもお電話しますね」と伝えました。

【ポイント】
- 保護者からのトラブルなどの電話連絡には「誠実に聞き取ります。対応します」という教師の意図が伝わるような声の抑揚・話し方を大切にします。
- 子どものトラブルに対して、保護者は不安になっています。保護者の立場に立ち「心配かけて申し訳ありません」という謝罪の気持ちと共感の意思を伝えることが大切です。
- 「また連絡します」と先の見通しをもたせ安心感を与えておくことが必要です。保護者もその後どうなったのか知りたいものです。

第２章　保護者を味方にする教師の心得

② 聴き取り

　すぐに子どもを呼び，メモをとりながら話を聴きました。内容は些細な口げんかでした。ただ，このとき注意しなければいけないことは，**保護者側からすればトラブルに大きいも小さいもない**という教師の心構えを見せておくことです。「子どもが涙を流して学校に行きたくない」と言っていたことは事実です。ここで教師が「些細なこと」と思いながら保護者と話をすると，「このぐらいで……」という失礼な心が保護者にも必ず伝わります。そこで「何だこの教師は！」と思わせてしまうことになります。聴き取ったことは大小あれど，「校内で起こったトラブルを事前に察知することができなかった私の責任です」という謙虚な態度をもつ必要があります。

> ポイント
> ・「トラブルに大きいも小さいもない」という心情や言葉を保護者に伝えます。
> ・校内で起こったトラブルは常に担任や学校の責任であるという謙虚な気持ちをもち保護者と接することが必要です。
> ・聴き取りの際は，細かく聴き取りをし，具体的に保護者に話せる状態にしておきます（できれば２名で聴き取ります。男性の教師で女子に対応する場合は女性の教師との２名体制で対応することが望ましいです）。
> ・聴き取りはできるだけ早い時間帯に行う必要があります。多くの児童への聴き取りをしなければいけない事案になることもあるからです。また，その子が安心して過ごせる時間を聴き取った後に長く確保してあげるためです。

③ 対応

　話を聴き取った後も，その日はその子の様子を注意深く見ておきます。帰るときに「先生は〇〇さんの味方だから何かあったらまた言ってね」「明日も元気に出ておいでね」とハイタッチをして帰します。「先生が見ていてくれる」という安心感を与えて帰すことは次の日安心して登校する心の支えとなります。子どもが帰ると，保護者はその日の教師の対応やあったことなどを細かく聞きます。それは，親心からであり今の時代では普通のことと思っておいたほうが

いいのです。「担任はきちんと対応してくれている」「子どもに安心感を与えてくれている」と知れば保護者も安心できます。そのような対応から保護者とのつながりが強化されるのです。トラブルも解決方法次第で保護者と教師の信頼関係構築の手立てと成り得るのです。

> ポイント
> ・下校までその子を見つめ「表情には笑顔が出てきたか？」「安心して過ごしているか？」など保護者に前向きに連絡できることを確認したり，尋ねたりしておきます。
> ・下校の際に一言，「明日も待っているからね」「安心して学校に来てね」などの声かけを笑顔でします。すべて保護者に伝わると考えておきましょう。

④ 当日の事後連絡

当日に聴き取った内容を子どもよりも早く保護者に連絡する必要があります。下校後子どもが家に着く前に連絡を済ませます。保護者が仕事であっても必ず連絡を入れておくことが大切です。保護者も仕事帰りに担任から連絡があったことに気づけばすぐに連絡してくださることが多いです。子どもは何かあると自分に都合のよいように話すことが多く，全体像を掴めていない保護者がそれを聞くと大きな認識のズレが生じ，より大きな問題へと発展する可能性があります。遅くに連絡する場合には夕食後の19時30分や20時以降がよいでしょう。夕食直前では空腹感からイライラする値が高まっているため，話は食事後のほうがスムーズに入りやすいのです。

トラブルなどの連絡をするときには，連絡帳では不十分です。必ず電話か直接会って話すようにします。内容にもよりますが大抵は電話で済みます。ただ，顔を合わせて話すことがより効果的なこともあります。判断に迷うときは学年主任や管理職などに相談します。

トラブルが起きたとき話す内容や流れの例
○聴き取った事実を誠実に伝える。

○そのことに対しての教師の落ち度の謝罪（気づくことができなかったことは私のミスです。大変申し訳ありません。など）を行う。
○その後子ども同士の謝罪のあり方や学級の子どもたちへどのように伝えたかを話す。
○「管理職にも報告しております」ということを必要であれば伝える。
○最後にこれからの方向性を示す。例：「コミュニケーションのすれ違いで起こった今回のトラブルです。クラスの子どもたちにコミュニケーションの大切さを改めて伝えました。そして，本人たちをこれからも見つめていきますね。ご心配おかけしまして本当にすみませんでした」

トラブルを丁寧に解決すれば，その対応により信頼感が増すこともあります。トラブルは初動が大切です。迅速に丁寧に対応し，保護者に報告します。

ポイント
・子どもよりも早く保護者に伝えます。
・電話連絡はできるだけ早く。保護者が仕事をしていれば仕事の終わる17時〜18時30分の間に連絡します。遅くなる場合は夕食後を見計らって連絡します。
・電話対応術は，常に先輩方の話し方・聴き方から学び，取り入れていきます（ビジネスマナーをネットで調べたり，先輩の先生方に尋ねたりします）。
・トラブルの際は真剣な声色を意識します。抑揚も真剣な想いが伝わるように意識します（同僚や先輩方と練習することも必要でしょう）。
・話す内容は整理して連絡します。

⑤　見守り・フォロー

朝は，「おっ！　笑顔で来れたね。先生嬉しいな」という声かけを行いました。Ｉメッセージを送ることで勇気づけをしていきます。次の日からのその子の様子をよく見るようにしました。相手との関係は以後良好になっていました。ただ，教師には見えない心情が必ずあります。だからこそ，本人に聞く必要があります。

⑥ 1週間後の事後連絡

1週間はその子どもと相手を見ておきます。「1週間たったけれど最近はどう？」とトラブルの当事者たちに聞きます。そこで改善されていれば，関係を改善できたことへの成長を大きく認めていきます。そして，その事実を保護者に連絡します。保護者は，当日解決したと感じていてもその後も心配なのです。1週間見守り，成長過程を報告することで保護者は安心します。その後は，懇談会などで報告すればいいでしょう。このように丁寧に対応することでトラブルが起こっても「この先生になら任せられる」という信頼感，安心感を生み，他のトラブルがあったとしても「あの先生ならきちんと対応してくれるよ」という保護者同士の信頼を得た言葉が広がるのです。

4 保護者を味方にする教師の心得

① 子どもの成長事実を具体的に示すこと（伝える・見せる）
② 保護者とプラスの会話を増やすこと（笑顔の溢れる聞き役に）

ポイントは「プラスの会話」を保護者と多く交わすということです。ここでの「プラスの会話」とは，**子どもの小さな成長を「笑顔」と「笑い」をもとに話す**ということです。その回数が多ければ多いほど関係性は高まります。昨今は，教師と保護者のコミュニケーションが減ったため保護者との軋轢が増してきています。保護者を一括りにしてしまい「すべての保護者は教師に敵対心がある」という勘違いをしないようにしなければいけません。多くの保護者は，教師の仕事が大変であるということを理解し始めています。味方である保護者が多くいることは間違いありません。ただ，情報の少なさからコミュニケーションのすれ違いが起き，不信感を招くことになります。だからこそ，成長の事実を電話で話したり，学級通信や懇談会で写真を用いて伝えたりすることが大切になってくるのです。

（内藤　慎治）

小学校

4 保護者の一番の味方になる

1 保護者の「?」にアプローチ！

(1) 保護者の願いから

「学校教育に対する保護者の意識調査2012」[(1)]によれば，保護者が学校に望むこととして，第１位が「子どもの学校での様子を保護者に伝える」で，〔とても望む〕61.2％，〔まあ望む〕33.6％を合わせて調査対象中95.7％の保護者が，学校での子どもの様子を伝えてほしいと思っています。

子どもたちは，朝から夕方までを学校で過ごしています。寝ている時間を除いたら，保護者よりも担任のほうが長い時間一緒にいるのです。保護者にとって，学校の様子が知りたいというのは当然のことかもしれません。

１年生の担任をしたときのことです。毎日，連絡帳で家庭での子どもの様子を丁寧に報告してくださる保護者の方がいました。その保護者とお会いしたとき，こんなことを言われたのを覚えています。

「保育園では，毎日送り迎えのときに園の様子を見て，保育士さんとおしゃべりして帰ってきていたのに，小学校に入学したら，先生と話す機会が少ないから，とても心配なんです」

話をしていて，もっと担任と情報交換したいという気持ちが伝わってきました。その保護者の「心配」という言葉は，

> うちの子のこと，よく見てくれていますか？

ということではないでしょうか。「うちの子今日どうでしたか」と聞かれても，よく見ていなければ伝えられません。担任や学校に求められているのは，子どもたちの様子をよく観察し，その様子を伝えることなのだと思います。

(2) **保護者の不安から**

　高学年の担任をしていたときのことです。ある保護者に電話連絡をしたときに，こんな反応をもらったことがありました。

「○○さんの担任の岡田です」
「うちの子，何かしたんですか？」
「いいえ，明日の持ち物のことで連絡したんです」
「なんだ，学校から電話がかかってくるとドキっとするんですよね」

　どうも，学校からの電話にはいいイメージがないようでした。

　保護者のこんな反応を聞いて，学校から家庭への連絡というのは，子ども同士のトラブルについてや，生活や学習についてのお願いなど，あまり嬉しくはない連絡が多いのかもしれないと気づかされました。

　そのような連絡が多ければ，保護者は

> うちの子，大丈夫ですか？

と不安に感じることでしょう。

　確かに，トラブルなどで連絡することはあります。しかし，学校でのトラブルは，学校の管理下で起きたことです。まずは「ご心配かけてすみません」という姿勢での連絡をしたいものです。そして，たとえマイナス面を伝える必要があるときも，子どものせいにせず，どんな状況で起こったのか事実を伝えます。そして，必ずよい面も伝えます。これが大切です。

　子どもが努力したこと，以前より成長したことなど，よさがあるはずです。保護者は担任が子どもを悪く思っていないことを知り，担任がいろんな角度から見ていることに安心できると思います。

(3) **保護者の要望から**

　宮田延実（2014）は，保護者の連携や協力を引き出すためには，児童生徒がどのように成長発達するかの説明と，指導成果を実証的に保護者に発信していくことが求められると述べています[2]。

学校教育に保護者の協力は欠かせません。しかし，注意やお願いごとばかりでは保護者との協働とは言えません。子どものために

> 学校は何をしてくれるのか？

ということをしっかりと発信し，実証していく必要があります。
　担任が子どもの成長を願い，子どものために取り組んでいる気持ちが保護者に伝われば，保護者は担任を応援してくれます。
　私は，これらの保護者の「？」に応えていくことが保護者との協働を可能にすると考えます。

・子どもたちをよく見て，様子を伝えていくこと
・子どもの努力や成長など，よい面を伝えていくこと
・学校はどんな目的でどんな活動をしているのか，伝えていくこと

　これらを丁寧に徹底していくのです。
　子どもの成長と将来の幸せを誰よりも願っているのは保護者です。保護者の声に耳を傾ければ，「思うように子どもが行動しない」「思うように成果が出ない」「学校から課題を伝えられても，すぐに改善できるわけではない」「親として精一杯やっている」。こんな，保護者の声が聞こえます。
　保護者を味方にすると考えるよりも，保護者の味方になりたいと思います。保護者が子どものことで困ったとき，担任のことを一番の味方と思ってもらえたら，これが保護者との協働を実現する第一歩ではないでしょうか。

 ## 協働に向かう変化を起こそう！

(1)　教師に対する見方が変わる〜子どもをよく見る〜
　①　よく見て忘れないために
　子どもの様子を記録するために，メモを持ち歩きます。ポケットに入るサイズが適当です。メモする内容は様々ですが，例えばこんなことです。

- ・休み時間の様子で気づいたこと
- ・友達に言った優しい言葉
- ・みんなに紹介したくなるような行動
- ・小さなお手伝いや気遣い
- ・心配なことや気になる様子
- ・トラブルの経緯

　メモしたことは，手帳に書き写します。手帳には，クラスの子ども1人につき2ページくらい場所をとってあります。そのページがメモでたくさんになる子と，メモが少ない子が出てきます。このように一人一人のページを作ると，メモが少ない子はよく見ようと意識することができます。

　書き写すのが面倒なら，付箋紙などを活用して，メモを貼っていけばいいと思います。

② 伝える方法

　保護者に伝えるのは，連絡帳や学級通信を活用しました。連絡帳はほんの1行ですが，「今日，嫌いな野菜を一生懸命食べていました」や「今日はお友だちとサッカーをして遊んでいました」など，記入しました。毎日ではなく，書けるときに書きました。詳しく書かなくても，連絡帳を見て詳しいことは子どもに聞いてもらえればいいのです。

　学級通信には，全体での活動や成長の他に，よい行動や小さながんばり，担任として嬉しかったことなどを紹介しました。学級通信では，個人名は載せず，本人に渡す1枚だけ，「○○さんのことを書かせてもらいました」と手書きで書き入れて渡していました。

　このような少しの情報でも，親子の会話のきっかけになるようで，保護者からはよく，「学校での様子を教えていただきありがとうございます」とともに，家庭での様子が書かれた温かい返信がありました。

　また，参観日などの保護者が来校する日には，できるだけ多くの保護者に声をかけました。そして直接「先日こんなことがあったんですよ」と子どもの様

子を伝えました。

③ 保護者の変化

学校での様子をよく伝えるようになってから，保護者は廊下で私に呼び止められても，構えるようなことはなくなりました。その上，私の失敗に対して「先生，今日お便り配り忘れたでしょう。忙しいんだねえ」と気さくに指摘していただくこともありました。

日頃からプラスの情報を多く交わしていることで，多少のマイナス面もお互いに言いやすくなったと感じました。保護者との距離が近くなり，会話がしやすくなりました。

(2) 保護者の子どもへの接し方が変わる～よさを伝える～

前述した通り，保護者への連絡では，トラブルについて伝えることがあります。「悪いことをしたときに，良いことは伝えられない，伝える必要がない」と思うでしょうか。実はこういうときこそ，子どものよい面を伝える必要があるのです。

以前担任をした子で，それを実感したことがありました。Aさんは，活発で授業中の発言も多く，どちらかといえば目立つ子でした。そのAさんが，友達に嫌なことをすることが増えてきたときのことです。

Aさんは，友達へのからかいや，ふざけて目立つことが増え，友達の教科書に落書きをするなどの行動がありました。Aさんが落ち着かない日がしばらく続いたので，何か環境の変化があったのではないかと，保護者に連絡をとりました。

すると，その保護者は，とても丁寧に対応してくださり，落書きをしてしまった子の教科書を弁償するとおっしゃいました。

しかし私はその対応がしっくりいきませんでした。弁償のお願いをしたかったのではなく，Aさんの落ち着かない状態の背景を保護者と考えたかったからです。

そこで，教科書の落書きは消したので弁償の必要はないことを伝えました。

そして今までのAさんの多くのよい行動を伝えながら、最近の心配な様子に違和感があることを丁寧に伝えました。伝えたことは、以下のような内容でした。

> ・Aさんはもともと明るく、よく発言をしていた。
> ・けんかすることはあっても、落書きなどは今までしていなかった。
> ・年下の子と遊ぶのが上手で、面倒見がよい。
> ・教室では、仲良くしたい子に嫌なことをするようなことがある。

すると、保護者の方から、「そうなんですよ。小さい兄弟がいるので、小さい子の面倒はよく見るんです」など、Aさんの様子を話し始めました。

そして、最近兄弟が2才になり、手がかかるので母親は兄弟にかかりきりで大変なこと、だから朝の支度などでAさんがぐずぐずすると、叱ることが増えていたことなどを話してくれました。私は、

> 「Aさんは、小さい子に優しくできる思いやりのある子だと思います。お母さんが兄弟にかかりきりで、本当は甘えたくても我慢しているかもしれませんね。ちょっと大変ですが、Aさんの話を聞く時間をつくってみると喜ぶかもしれません。学校でも話を聞いてみますね」

と伝えました。

それから、すぐにとはいかなくても、Aさんの態度は落ち着いていきました。そして連絡帳でご両親からメッセージをいただきました。そこには、Aさんの様子を知らせてもらったことへの感謝の言葉と、自分たち両親がAさんへの態度を変えたことで、Aさんの表情が変わった、自分たちの接し方について気づかせてもらったという旨が書いてありました。

諸富祥彦（2004）は、正論で説得された親は、頑固に教師批判、学校批判をすることが少なくない[(3)]と述べています。たとえ正論でも「悪い面だけ」言われれば、保護者は担任の子どもに対する見方に失望するのではないでしょうか。そこから担任との協働は生まれません。

担任が保護者に子どものよさを伝えることで、そのよさを伸ばそうとする協

働が可能になるのです。

(3) **保護者の意識が変わる～ねらいを伝え活動を見てもらう～**

　高学年の担任をしていたとき，子どもたちには友達関係の悩みがたくさんありました。人間関係づくりに課題があったと言ってもいいでしょう。これは，どこの学校でもある程度同じ傾向だと思います。

　子どもたちには，何かトラブルがあってからの対応ではなく，日頃から人間関係づくりについて考える機会をもたせていました。

　そのクラスでは，気の強い子の意見に合わせて行動し，周りの子は自分の意見を言えないような雰囲気がありました。女子にも男子にも，リーダー的な子がいて，周りの子は嫌われることを恐れているようでもあり，またその子たちと仲良くなりたいようでもありました。多数決をとるような場合は，その子たちに合わせて手を挙げるような雰囲気も感じられました。

　保護者もその関係に気が付いていました。学級内の誰が強くて，自分の子どもが誰についていっているか，よく知っていました。個別懇談会などの面談では，固定化した友達関係の話が話題にのぼりました。

　そんな子どもたちに対し，それぞれの個性をのびのびと発揮してほしいと願いました。学級には，いろんな意見をもっている人がいることを認められるようになってほしいと思いました。

　そこで，学習参観日の授業で，学級集団づくりの実例集[4]を参考に授業を行いました。

【活動の流れ】

①いくつかの質問に二者択一で答える。（個人作業）

　・怒られたとき，そっとしてほしいか，ジョークで笑わせてほしいか

　・けんかをしたら，手紙で謝るか，電話で謝るか

　など10項目

②いろいろな人といくつ答えが同じか確かめ合う。

③それぞれの感じ方は違うということに気づく。
④感想を交流する。
⑤まとめ(今後気を付けたいことを書く。)

　子どもたちは，自分の答えが少数派であると驚いたり，友達と見せ合って意見の違いを楽しんだりしている様子でした。
　そして，感想交流では，「仲の良い友達でも，思ったより意見が分かれて驚いた」「7つ以上一緒の人が少なかった」などが出され，学級にいろいろな意見の人がいることに気づくことができたようでした。
　最後に，自分の考えと他の人の考えは違うかもしれないことを確認し，一人一人が今後の行動で気を付けることをワークシートに書いて授業は終わりです。
　この授業の後のことです。ある保護者が私のところへ来てこう言いました。「今日の授業を私が小学校のときに受けていたらねえ。あんなに苦しまなくてすんだのに」
　詳しくは話しませんでしたが，そのお母さんは子どもの頃，周りに合わせることに必死だったのだそうです。
　そこで，今回の授業を見て，子どもが友達のことで悩んだら，今日の授業のことを話すと言ってくれました。
　学習参観日はチャンスです。担任が大切にしていることを子どもだけでなく保護者にも伝えられます。そこで，保護者が学校での活動のねらいを理解し，それが子どもにつけたい力だと思ってくれたら，こんなに心強いことはありません。

3 目指すは，子どもの成長

(1) **保護者の味方になるために**
　ここまで，保護者と担任が協働して子どもにかかわるための具体的方策を紹介してきました。これは，クレームを言われないための保護者対応ではありま

せん。保護者と仲良くなることが目的でもありません。
　保護者と学校が協働して子どもの成長にかかわるためです。
　「伝えること」を中心に述べたのは，保護者の不安はわからないことからくると思うからです。そして，そのわからなさが続くと，不信になるのではないでしょうか。

> 丁寧な説明と，情報の発信を続けていく

ことで，保護者の不安を安心に変えていけると思います。

(2) 謙虚に，信念をもって

　子育ての主役は，親です。生まれてから今まで，ずっとその成長を支え，見てきたのは親です。ですから，当然のことですが，子どものことは親が一番よくわかっています。
　担任が保護者とかかわるとき，この当たり前のことを忘れてはいけないと思います。よく怒る親，甘い親，あまり子どもに関心がなさそうな親，忙しい親も，みんなここまで子どもを育ててきたのです。
　私たち教員は，1〜2年間，担任としてかかわるだけです。親に対して自分たちの方がわかっているという態度でいたら，保護者はあまりいい気分ではないと思います。謙虚に，決めつけずに，子どもたちを観察していくことが必要です。
　しかしその一方で，親は愛情があっても，子どもに対する対応に不安があるということは多々あります。どうしたらいいか迷っていることもあるでしょう。
　そんなときは，教育的知見をもって「子どものよさを伸ばすには，こうしてみませんか」と信念をもって対応することが大切だと思います。
　時には保護者に協力してもらい，時には保護者の力になる，そんな協働のあるはたらきかけの中で，子どもの成長に寄与できたら，なにより子どもたちにとって心強いのではないでしょうか。

【引用・参考文献】
(1) Benesse教育研究開発センター「学校教育に対する保護者の意識調査2012」，2013
(2) 宮田延実「学校評価における学校行事の果たす役割と課題」太成学院大学紀要，2014
(3) 諸富祥彦・植草伸之編『保護者とうまくつきあう40のコツ』教育開発研究所，2004
(4) 河村茂雄・品田笑子・藤村一夫編著『いま子どもたちに育てたい学級ソーシャルスキル 人とかかわり，ともに生きるためのルールやマナー 小学校高学年』図書文化，2007

(岡田　順子)

5 小学校 愛と理解の先に，共感と協力がある

1 違いを理解して，視点を変える

(1) 立ち位置と役割の違い

「子どものよりよい成長を願う」という点において，教師と保護者の思いは同じです。しかし，両者の立ち位置や役割は異なります。

教師は集団の中で一人を育てますから，客観的に総体的に子どもを観ることが可能です。俯瞰的に距離を置いて対応することもできます。

対して保護者は，あくまでも一人として育てます。目に入れても痛くないのがわが子ですから，子の痛みを自分の痛みとして感じるほど，近距離でわが子を見るのが特徴です。

心理カウンセリング「ハッピーハート」所長の山﨑雅保氏は，「母親は母港，学校は外海」と役割を表現しています[1]。子どもを小舟に例え，小舟が必ず帰る場所，安全で安心できる場所が母港です。そして母港は，外海の波風を防いでくれる場所でもあります。

一方，外海である学校で，教師は波風から小舟を守るのではなく，波風が立つ中で心身知性の発育を促します。安全を確保しつつも，その中で生きていく技術も指導するのが役目です。

- 小舟……子ども
- 母港……母親・帰りつく場所，安心，安全，守る
- 外海……学校・波風がある
  　　　　教師・（波風の中で）心身知性の発育を促す，生きていく技術を指導

　このように，立ち位置も役割も違うため，いくら思いが同じであっても，無条件に見解が一致したり進む方向が同一化したりすることは非常に難しいと言えます。保護者が教師の言動を「威圧的」「一方的」「無責任」と感じたり，教師が保護者の言動を「自分勝手」「非常識」「感情的」ととらえたりするのは，それ故なのです。

(2) 「or」ではなく「and」

　そもそも，物事は見方によって変わります。つまり，見方によって幾通りもの答えがあると言えるでしょう。

　せめて双方のうちどちらかが体制を変えてもう一方を見ようとしたり，背伸びして見える範囲を広げようとしたりすればよいのですが，どちらも頑として動かなければ，自分の見える範囲だけが事実となります。どちらの言い分が正しいかという「or 的な見方」であるため，相互に理解し合うことは困難です。

　一方，「and」で見ると，どの答えも「あり」になります。「自分からは見えないのだけれども，向こうからはそんなふうに見えるのだ」「自分は知らなかったけれど，そういう姿もしているのだ」という想いで見れば，対象の姿は多様化されます。「or」的発想では対象の半分の姿しか語られないのと比べると，

「and」的発想ではより多角的に対象を理解できることがわかります。

(3) 相手を信頼することが視点変換の秘訣

真っ暗闇の中でどちらの道に進むべきか決めるとき，右手からも左手からも友達の「こっちの方が安全だよ」という声。あなたはどちらに進みますか？ それはもちろん，より信じられる友達が呼ぶ方に行きますよね。自分が見えないもの，自分からは判断できないものを信じてみようと思うのは，それを言う相手を信頼できるときなのです。

「and」的な見方では，自分から見えない情報を信じて尊重することが前提です。つまり，教師と保護者が互いを信頼し合う前提が成立したときに，初めて「and」的な見方ができるようになるのです。

では，どのように互いを信頼すればよいのでしょうか。

まず，絶対的に言えることは，相手ではなく自分の立ち位置を変えることです。相手の考えを全面否定せず，肯定的にとらえる姿勢をもつことです。自分だけが正しいとか，向こうが歩み寄るべきだとか，こちらは絶対に間違っていない，おかしいのはあっちだという発想を一切捨てて，こちらから歩み寄るのです。

何でも謝る，盲目的に従うということではなく，あちらからしか見えないことを「そうなんだ」と受け入れてみるということです。世間では，これを傾聴と言います。

2 視点を変えると，保護者も変わる

☆小3女子：さっちゃんとらんちゃんのエピソード
○他都市から転校してきたさっちゃんは，いつもきれいに髪を結って可愛いら

しい服を着ています。２人姉妹のお姉さんで，しっかり者。でもちょっぴり泣き虫で怒りんぼう。担任から見て，大げさでわがままと見える面も。

○ぱっちりした目で澄まし顔のらんちゃん。運動神経が良く，男の子ともよく遊ぶ。じっとしていられなくて，腹が立つと瞬間湯沸かし器のようにカーっとなって暴れる。２年生のときは，嘘やごまかしが目立ちました。

さっちゃんが転校してきてから約２週間。さっちゃんのお母さんから学校にお電話がありました。

> 「このごろ娘が泣いて学校から帰ってきます。らんちゃんと一緒に帰ってくるのですが，毎日追いかけられたり『バカ』『チビ』と言われたりするそうです。学校でもいつもいじめられていると言っています。指導してもらえますか」

確かにこの二人がけんかしてさっちゃんが泣くことはよくありました。しかし，担任から見てらんちゃんだけが悪いのではなくさっちゃんにも非があるのです。らんちゃんが怒って叩くのは，さっちゃんが余計なことを言うことが発端になっています。そう思った私は，

「学校でも確かにけんかが多いんですよ。さっちゃんがきついことを言ってらんちゃんが怒るというパターンが多いですね。私の知らないこともあると思うので，明日，二人に聞いてみます」

と言って電話を切りました。

次の日，二人に確認したところ概ね次のことがわかりました。

- けんかの原因は，らんちゃんばかりではない。らんちゃんと同じくらいさっちゃんから仕掛けている。
- さっちゃんはすぐに高飛車に嫌なことを言う（さっちゃんは，「嫌なこと」

ではなく,「注意」であると主張)。それがらんちゃんの気に障り,けんかに発展することも多い。
- らんちゃんは,乱暴で暴言を吐く。さっちゃんは腕を引っ掻かれたことや足を蹴られてあざになったこともある。ただし,その後さっちゃんもほぼやり返している。
- 本当は仲良く遊びたい,家も近いから楽しくしたい,と二人は言っている。

一言で言えば,「どっちもどっち」。確かに,らんちゃんは乱暴で衝動的です。しかし,さっちゃんだってけんかの原因になることをたくさんしているのだし,仕返しだってしています。

教師的立ち位置で見れば,この問題は次のように整理できます。

【らんちゃんの問題】
○すぐに暴力を振るうこと。
○乱暴な言葉使いをすること。
【さっちゃんの問題】
○自分の行為を棚に上げて,一方的に被害者的訴えをしていること。
○すぐに泣いて言いつけに来ること。
○きつい言い方や,上からものを言うこと。
○暴力や暴言に対して仕返しをすること。

【結論】
○さっちゃんのお母さんは「いじめ」というけれど,これはけんかだ。
○らんちゃんの暴言,暴力には指導が必要。これまでも特別支援的な視点で指導してきたが,そう簡単にやめられない。長いスパンで考えることが肝要。
○さっちゃんも,自分で問題解決する力や,自分の問題を直視することが必要。また,ずるく立ち回るのはよくない。

> ○二人は仲良くなりたいと言っているのだから，なんとかして仲良くなれるように指導しなくてはならない。

「身知性の発育を促す，生きていく技術を指導する」のが教師の役目ですから，その視点から言うと実に真っ当な結論であると言えます。

らんちゃんを長い目で見ながら育てようとする姿勢には，愛を感じます。さっちゃんの訴えを鵜呑みにせず，正直に強く育てていこうとする姿勢にも愛を感じます。どちらか一方の責任にせず，双方が歩み寄りながらなんとか仲良く楽しく生活できるように考えるのにも，愛を感じます。なにより，正義感をもって指導していることがうかがえます。

実は，これは私の若かりし頃のエピソードなのです。正義と愛を胸に，意気揚々と私は，さっちゃんのお母さんに次のようにお電話しました。

「二人からいろいろお話を聞きました。お母さんがおっしゃるように，らんちゃんが叩いたり蹴ったりということがたくさんあったようです。ただ，その原因になったのが，さっちゃんのきつい言い方だったり，上から命令するような態度だったりしたようです。さっちゃんはそれを言わずに，されたことだけを泣いて訴えていたようです。また，叩かれた後も，ずいぶん仕返しをしていたようです。ですから，いじめられているというよりは，けんかが多発しているという感じです。二人とも，本音の部分では仲良くなりたいと思っているので，長い目で成長を見守りながら，互いに折り合いをつけられるよう指導してまいります。しばらく様子を見ましょう」

この電話で，さっちゃんのお母さんは激怒しました。誠意を尽くしたと思っていた私は驚いてしまいました。なぜだかおわかりですか？

さっちゃんのお母さんの訴えはこうです。

「先生は,うちの子が悪いっていうんですね!? 先生のお話だと,うちの子が泣いてごまかす悪い子だっていうことですよね!? でも,実際に痛い思いをして帰ってきているんですよ。それはどうでもいいんですか!? 仕返しをしてるって言いましたけど,らんちゃんが叩いた強さと同じくらいの強さで叩き返しているんですか!? 回数も同じなんですか!? うちの子は,最初は我慢しているけれど,耐えられなくなって仕返しをしてると言っていますよ! それに,仲良くしたいっていうのは本心ですか? 仲良くしたいんならどうして嫌なことをするんですか? うちの子が学校に行きたくないって言ったら,どうするんですか!!!!!! 長い目で見ましょうなんて,先生はのんきなんです。そうこうしているうちに,取り返しのつかない大けがをするかもしれないじゃないですか! もう,うちは限界です! ずっと我慢してきたんですよ! 思い切って先生に相談したのに,何にもしてくれないんですね!!! ちゃんと対応してください!」

　若い頃の私は,この母親が愚かに思えてなりませんでした。わが子がずる賢く立ち回っているのも見ようとせず,ただただ子どもをかばって傷つかないようにだけしているのですから。「獅子はわが子を谷底に落とす」というように,社会の厳しさを学ばせるのも母親の役割ではないか,こんなに過保護にしていれば,きっと将来この子はだめになるだろう……と思いました。

　ところで,母親の役割とはなんだったでしょうか。母親とは,帰りつく場所であり,安心,安全である場なのです。そして,絶対的な役目はわが子を守ることなのです。

　さっちゃんが悲しんで助けを求めれば,当然守ろうとするのが母親なのです。さっちゃんが,自分の悲しみや辛さをお母さんに訴えられたというのは,ある意味お母さんが母親としての役割を果たしているとも言えるのではないでしょうか。ですから,私の電話でお母さんが激怒するのはもっともなのです。

　さっちゃんのお母さんの訴えを整理してみましょう。

○先生は、うちの子を泣いてごまかす子だと言った。(本当は言っていないけど、そう受け取った)
○うちの子が痛い思いをして帰ってきている。
○叩いたり仕返しをしたりした回数や度合い、状況を把握しているのか。
○仲良くしたいというのは、本心か。
○今後、大きなけがに発展しないか心配。
○今後、不登校を訴えないか心配。
○長い目で見る、様子を見る＝何もしないのと同じではないか？
○ずっと困っていた。今回思い切って相談したのに、ひどい！

　こうして整理し、「母親的視点（安心、安全、守る）」で見ると、さっちゃんのお母さんのおっしゃることも実に真っ当だと思いませんか？
　確かに、事実認識の甘さや、やや過保護ではないかと思える部分はあります。でも、決してさっちゃんがずる賢く、問題を自力解決できない子に育てたいわけではないのです。ただただ、目の前の可愛いわが子が苦しんで困ってることを、どうにかしてやりたい、それだけなのです。
　子どもが幸せに、自立して生きていけるように育ってほしい、それは教師にとっても母親にとっても共通の願いなのですから。つまり、
○らんちゃんを長い目で見守り、さっちゃんが自分で問題解決できるように育てるという教師的視点
○さっちゃんの目の前の悲しみをどうにかしてやりたいという母親的視点
のどちらとも、間違ってはいないのです。
　もし私が、「or」ではなく「and」の視点で見ることができていたのなら、最初のお母さんからの訴えにこう答えていたでしょう。

「お電話してくださり、ありがとうございます。私にも見えていなかった部分があるようです。さっちゃん、痛い思いをしていたのですね。これまで適切な指導ができておらず、申し訳ございませんでした。お母さんにも、多大なる

> ご心配をおかけいたしました。さっちゃんが安心して元気に登校できるよう,早急に対応いたします。まずは,直接さっちゃんからお話を聞きたいのですが,これからお伺いしてもよろしいでしょうか?」

　私も保護者として,わが子のことで何度も担任に電話をしようと思ったことがあります。でも,こんなことで?とかうるさいと思われるだろうかとか,わが子が逆に不利益を被るのではないかなどと思うと,ついに一度も電話せずに終わってしまいました。保護者が学校に電話をするということは,多くの場合,そういった葛藤を経ていることを知っておかなくてはなりません。電話をするということは,一般的な常識とは関係なく,保護者にとって問題が深刻である,よほどの怒りや悩みがあるということを肝に銘じるべきです。

　その前提に立つと,お電話をいただいたことへのお礼,自分の指導の至らなさについての謝罪,迅速な対応をすべきことは明白です。先生はわかってくれた,誠実に対応してくれるという安心感を保護者は抱きます。

　次に,事実の確認をします。できればその日のうちに,難しければ翌日に必ず,状況,叩いた回数や強さなどを,双方が納得するまで聞きます。食い違う部分は無理やりすり合わせず,その事実を保護者に伝えます。

　保護者へは事実のみを伝えます。そして,さっちゃんが苦しんでいるのであれば,その原因となっているらんちゃんとの距離をとることを緊急的に行います。さっちゃんの悲しみを除くことが優先課題であり,さっちゃんのお母さんもそのために電話をくださったのですから。らんちゃんがさっちゃんに乱暴をしないという目に見える成果がわかれば,教師が具体的に動いたことがわかります。そこで初めて,保護者は信頼を寄せてくださるのです。

3　やはり基本は,誠実に謙虚に接すること

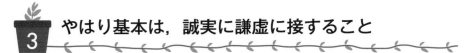

　双方が親和的に歩み寄れたとき,問題を保護者と教師で共有することができます。教師が「or」から「and」に視点をシフトできたとき,保護者は理解さ

れたと感じ，安心して指導を任せようと思ってくださいます。そうすれば，大事だけれども保護者にとって耳の痛い話（さっちゃんの例で言うと，自分で問題を解決しようとしないことなど）にも，耳を傾けてくださいます。教師はわが子の欠点をつついて責任逃れをしているのではなく，わが子の課題と真剣に向き合っているとわかってくださるのです。

　保護者にとってかけがえのないお子さんを大事にすること，お子さんを大切にする保護者の思いに寄り添うことが誠実であることなのだと思います。「あれは過保護だ」「自分勝手な親だ」と決めつけず，まずは子どもや保護者の思いに立って考えてみることが第一ではないでしょうか。

　また，「先生」という立場に胡坐(あぐら)をかかず，自分は未熟で発展途上であり，万能ではないことを知っていれば，自ずと不遜な態度は影を潜めます。自分に非が少しでもあったなら，その部分について謝罪すること，失敗を失敗であると認めることは，謙虚であることなのだと思います。

　私たちは，保護者から信頼されるために教育をしているわけではありません。しかし，信頼されない人間に，どうして大事な子どもを安心して預けようと思うでしょうか。保護者と教師に信頼関係が成立するからこそ，子どもにとって必要な指導が生きてくるのではないでしょうか。

　保護者に信頼していただくためには，まずは，目の前の子どもに誠実に謙虚に向かうこと，その先に保護者の信頼があることを常に胸に留めておきたいものです。立場は違えど，観方は違えど，保護者も教師も子どもの幸せを願ってやまない存在であるはずです。自分の利を守るのではなく，子どもの利を守れる教師であること，それがやがて揺るぎない保護者の信頼につながっていくのだと考えます。

（宇野　弘恵）

6 保護者の安全基地になる

1 初任時代の失敗

　初任時代，私はM県の北部，教育に熱心だという地域に赴任しました。十数年ぶりに初任が来たということで，周りはベテランばかりでした。当然，保護者も初任の教員に出会うのは初めての方ばかりで，初めての授業参観後，廊下では「まあ，見習い程度よね」「ハズレだわ。ベテランの○○先生のほうがよかった」という，保護者の厳しい評価を耳にしました。

　そして，その後，あるトラブルがクラスで起こります。AさんとBさんが教室の中でけがをしたのです。お互い，別のグループで追いかけっこをしていて，ぶつかり，Aさんが歯を折ったのでした。

　放課後，Aさんの保護者に電話をかけ，けがをした経緯などを説明していたときのことです。静かに私の話を聞いていたお母さんが，言いました。

　「先生は，うちの子のことを，大事に思っていますか」

　予想していなかった突然の質問に，「もちろんです」と答えましたが，お母さんはため息をついて続けました。

　「でも先生。先生の話は全部，言い訳や自己弁護ですよ。うちの子を心から，本当に心配しているようには聞こえません」

　そんなことはない，と言おうとしたときです。

　「うちの子の親でもないあなたに，絶対私の気持ちはわからない」

　お母さんはそう言って，電話を切ってしまいました。

　当時は，なぜこんなすれ違いが起こるのかわかりませんでした。でも，今ならわかります。教育方針や，授業づくり，学級づくりについて，大学を出たての私には，何の自信もありませんでした。しかし，ベテランの先生のように，

早く保護者とつながりたいと焦り、ベテランの先生の立ち振る舞いや話し方など、身の丈に合わない表面ばかりを真似していました。しかし、表面は取り繕っていても、実際は、**自分＞保護者**と考えていたように思います。自分はこんなにがんばっているのに、うまくいかないのは地域のせい、保護者のせいだという姿勢が、保護者にも透けて見えていたのではないでしょうか。

当時、学校が行った保護者アンケートには、私に向け、次のような言葉が並んでいました。

- 先生との懇談会は疲れます。
- 授業参観や懇談会などには、なるべく参加したくありません。
- 先生が何を考えているのか、わかりません。
- 先生が子どもを大切にしてくださっているのが、伝わってきません。

つまりは、私は幾重にも鎧を重ね、ファイティングポーズをとって保護者と対峙していたのだと思います。私という担任像が見えず、わが子とどのように接しているのかが見えなかったのでしょう。そのため、今まで数々の失敗を重ねました。その度に保護者と向き合い、対話しました。そして、保護者と距離をとろうとしている自分に気づいていきました。一つ一つの失敗が、私の鎧を徐々に脱がせ、今の自分のあり方をつくってくれたのだと思います。

鎧を脱いだ今、保護者からの言葉も、大きく変化しました。そして、それらには、私が取り組んできたことのすべてが表れています。

- 先生の懇談会は楽しくて、毎回絶対参加したいと思いました。もっと懇談会があってほしいくらいです。
- 先生は、子どもの先生でしたが、私たち保護者の先生でもありました。
- 先生の子どもへの愛情が、たくさん感じられた1年間でした。

そして、それらすべては、

保護者に安心感をもたせる

という，一つの目的に集約された実践によっていただいた，保護者の声です。

子どもは学級に安全基地をつくります。保護者にとっては，担任の存在そのものが安全基地とならなくてはいけません。担任の在り方，手立てを通して，保護者に安心感をもたせていきましょう。

2 保護者に安心感を

(1) 懇談会も授業参観も保護者と楽しむ

① 個別懇談会で「担任バカ」をアピールする

個別懇談会でのことです。1人目が終わり，2人目まで数分あったので，準備していたら，スリッパの音が駆け足で近づいてくるのがわかりました。誰かと思ったら，私の学級の保護者でした。

「せ，先生，いいですか？」

と，息も切れ気味。ハンカチで汗をぬぐうお母さんに，まだ時間に余裕があるのに，どうしてそんなに急いで来たのかと尋ねたら，意外な回答が返ってきました。

「先生に会って，落ち着きたくて」

先に弟さんの学級で面談を終えたらしいのですが，その先生と話すのは緊張するのだそうです。だから，早く私に会いたい，と私のいる教室に，急ぎ足で来たとおっしゃいました。

「お母さん，まずは抱きしめましょうか？（笑）」

「ハイ！」

そんな会話で，お母さんと笑いながら席に着き，懇談会をスタートしました。

こんなやりとりが生まれる数年前まで，私は懇談会に対して，次のような考え方をしていました。

> 「保護者なら来るでしょ，フツー」

今思うと，恥ずかしいくらいの上から目線ですが，当時の私は「保護者なん

だから，仕事や家事をやりくりして懇談会に来るのは当然」と，驕った考え方をしていました。そして，懇談会の内容も，その考え方が透けて見えるような，散々なものでした。

- ・ただテストの結果だけを説明する。
- ・なんの資料もなく，主観的な児童観を保護者に一方的に話す。
- ・学校での問題行動を家庭に責任転嫁して，保護者を責める。
- ・世間話だけで終わる。

このような内容ですから，私も苦しく，きっと来校した保護者の方はもっと苦しかったと思います。

年に数回設けられている懇談会や授業参観。来られる保護者の方は，仕事をやりくりしたり，同僚や上司に断って休みを取ったり，家事の段取りを考えたりと，10分間の懇談会のために，様々な準備をされています。それなのに，その労力に見合わない懇談会をしていては，「行く意味がない」という印象をもたれてしまいます。それはそのまま，担任の評価になります。

せっかく直接会ったり，1対1でお話もできたりするという，信頼構築のためのビッグチャンスです。わが子のことも担任のことも知ることができ，楽しく，安心できる，そんな機会にしなくてはいけません。

そこで，私は方向転換しました。

保護者があきれるくらい，大好きアピールをしよう。

まずは教室に保護者が一歩踏み入れたときからです。戸口で迎え，「お母さん，来てくださってありがとうございます」と「ありがとう」の先制攻撃です。「ありがとう」と言われて，怒る人はいません。そして，おしゃべりをします。それから，保護者が着席すると，いよいよ「私，本当に〇〇さんが大好きなんですよ」と

親バカならぬ担任バカ

を発揮します。

　私は個別懇談会では，毎日撮りためた写真をパソコンに映し出して，保護者の方と一緒に鑑賞します。シンプルな方法ですが，視覚情報は雄弁で説得力があります。例えば，掃除の時間のよさを伝えたい子どもの場合，担任が「○○さん，掃除がんばっています。特に雑巾がけが素晴らしいです」と話すよりも，「お母さん！　ちょっと，見てくださいよ，この雑巾がけ！」と日常の雑巾がけの画像を何枚か見せます。動画も見せることがあります。

　すると，保護者の方から「わぁ，がんばっていますね！　信じられない！」というような言葉が出てきます。「でしょう？　もう，本当に毎日熱心にしていて，感心します」と，保護者の方の感想に共感すると，一気に気持ちがほぐれます。

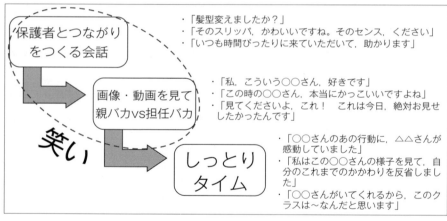

　そして，私は個別懇談会の次の日は，子どもにもどんな話をしたのか伝えます。「お母さん，雑巾がけが上手だって喜んでいたよ。○○さんのお母さんもお掃除が好きなんだってね。素敵なお母さんだなぁ。だから，○○さんも掃除上手なんだね」と，懇談会で見つけた保護者のよさを子どもにも伝えます。

　それはまた，お家に持ち帰られ，「先生がお母さんを素敵って言ってたよ」と子どもから伝えられます。私から保護者のよさを伝えるより，子どもの口を通して伝えられるほうが，かなり説得力があります。

「担任が，子どものことを大好きでいてくれて，さらに保護者の自分のことも認めてくれている」という保護者の意識が，安心感へとつながります。そしてそれは，保護者の自己肯定感を高めることにもなります。つまり，

> 保護者の自己肯定感は，ゆくゆくは子どもの自己肯定感にもつながる

とも言えます。

② 授業参観は保護者を巻き込む

授業参観は，研究授業ではありません。担任と子どもたちが織り成す「授業」というパフォーマンスから，保護者の安心感を引き出します。

昔は，研究授業と同じようなとらえで授業参観に臨んでいました。しかし，授業参観後の保護者からは，安心感というよりは「手を挙げられなかった」「ノートが真っ白だった」「うちの子だけが問題を理解していなかった」と，課題ばかりが聞かれました。振り返ってみると，教室の後ろに並ぶ保護者の表情は，不安げで暗かったように思います。そして，それは私も同じだったのかもしれません。

国立教育政策研究所内「学習意欲研究会」が行った「学習意欲に関する調査研究」(2002)によると，一番やる気が失せるのは「授業がよく分からないとき」ではなく「授業がつまらないとき」となっています。つまらない授業でやる気を奪われている子どもたちの姿を見て，保護者はどう感じるでしょうか。少なくともそこに，安心感は生まれません。

授業参観では，保護者は教師の発問や板書ではなく，わが子が楽しく授業を受けているか，やる気に満ちた表情で参加しているかどうかを判断しにやって来ます。私は，何かの教科の指導力に秀でているわけでもないですが，子どもたちと日々の授業を楽しんでいる自信はあります。

今は，授業参観中，私も保護者もずっと笑顔です。声を上げて笑う方も多いです。私は，授業参観では子どもだけでなく，保護者も授業に巻き込んでいきます。「はい，じゃ，○○さんのお父さんに当ててもらいましょう！」「では，正解を発表しましょうか，△△のお母さん」など，突然保護者にふることもあ

ります。慌てふためくお母さんやお父さんを見て，子どもたちはそれだけで爆笑です。それにつられて，保護者の皆さんも笑顔になります。

　一見ふざけているように見える光景ですが，笑いを共有することは，一体感を生みます。担任と子ども，そして保護者が一緒に笑うことは，授業参観でしか味わえない醍醐味です。その結果，保護者からは不安ではなく，「**先生の授業は，楽しくて引き込まれる**」というような言葉が聞かれるようになりました。

　また，授業参観の日は，子どもたちと一緒に悪巧みを考えます。「お母さんたちにサプライズを仕掛けよう」「チケットを配って，わくわくさせよう」など，子どもたちも俄然乗り気になります。

　授業参観では，子どもが日々感じている楽しさを，保護者にも体験してもらう場です。それが「毎日，こんなに楽しく授業を受けているんだな」という安心感につながります。

(2) 学級という「密室」を開放し，「見える化」する

　保護者の多くが望んでいるのは「子どもが楽しく学校生活を送ること」です。そのため，ほとんどの保護者の皆さんは，「学校でのわが子の様子を知りたい」と思っています。

　学校でどんなことがあったのか，友達とうまくかかわっているのか，担任はどんな人柄なのかなどが保護者から見えていると，信頼関係をつくる近道になります。もちろん，その土台には温かな学級づくりは欠かせません。しかし，ただ，担任が黙々と学級づくりをしているだけでは，保護者は安心できません。担任と子どもだけが温かさを共有している学級は，学級ではなく「密室」です。

温かな学級は，保護者の目に見えてこそ，初めて存在する。

　そのため，どのような「見える化」を仕掛けていくかが，教師の腕の見せどころだろうと考えます。

① つながりを「見える化」する

　私は，学級の雰囲気を家庭に持ち帰らせる取り組みを，3つ行っています。

ⅰ．教師と子どものやりとりを「見える化」する

　私は漢字ドリルの例文づくりの欄に，ちょっとした挿絵を描いています。私は，日記などにコメントを書くのが苦手ですが，絵を描くことは苦ではありません。「コメントが苦手でも，一人一人とつながれることは何か？」と考えて，これを描き始めました。クスっとなる程度のものですが，子どもたちはドリルを持ち帰ると，大喜びで保護者に見せるようです。楽しそうに漢字ドリルに取り組むわが子を見て，保護者が安心するだけでなく，「私も見るのを楽しみにしています」と，懇談会も盛り上がります。

　また，「ひみつレター」という子どもあての手紙を不定期に書いています。放課後，その日見つけた素敵な行動を書いて，その子の机の中に忍ばせておきます。次の朝，登校した子どもは，手紙を見つけて何度も読み返しては，大切に持ち帰ります。それが，保護者の目にとまることで，担任はわが子のよさを日頃から見てくれているという安心感につながります。

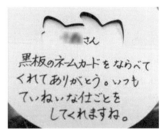

　さらに，「あのねカード」という取り組みもしています。なかなか担任の側に来られない子や，こっそり相談したいことがある子は，「あのねカード」に話したいことを書いて，教室の担任の机の上に置かれている「ポスト」と呼ばれる空き缶の中に入れます。あのねカードには，悩み事が書かれていることが多いのですが，その一つ一つに返事を書きます。普段，面と向かって話せない子どもとは，ここでつながりをつくっていけます。そのつながりは，やはりお家に持ち帰られ，保護者の目にとま

り，わが子の悩みに耳を傾ける担任を，身近に感じてもらえます。

ⅱ．学級の子ども同士のつながりを「見える化」する〜キラキラカード〜

　私のクラスでは，朝の会でくじびきをして，「今日のスター」を決めます。くじびきで選ばれた子は，「今日のスター」として，みんなから注目され一日を過ごします。周りの子たちは，一日観察して発見したスターの子のよさを，「キラキラカード」という名刺サイズほどのカードに記入して提出します。そして，帰りの会の「キラキラタイム」で発表します。

　このような取り組みは，たくさんの学級で行われていることでしょう。ここで保護者に見せたいのは，「カードを持ち帰る子どもの姿」です。学級づくりが軌道にのり，良好な人間関係が構築されつつあれば，スターになった子どもは，本当に大事そうにカードを持ち帰ります。

　4月にこの取り組みを始めると，1学期の懇談会では，ほぼキラキラカードのことが話題に出ます。そして，そのとき語られるのは，そのカードを手にしたわが子が，どんなに嬉しそうにクラスのことを話すかということです。

　このとき，キラキラカードは，学級の友達との関係を映し出す，鏡となってくれます。保護者は，カードを大事そうにするわが子から，学級の友達から大切にされていることを実感し，安心するのです。

② 授業を「見える化」する

「勉強を教えられない」

「親が教えると，『先生と教え方が違う』と子どもが嫌がる」

　保護者からの連絡で，こういうものはありませんか。20代の頃，私はこのような連絡をよく受けました。その当時，この保護者からのメッセージの意味がよくわかりませんでした。「小学生の問題を，なぜ大人が教えられないんだろう」と，理解できませんでした。

　ある日，学級通信を書いていて，紙面が少し余ったことがありました。そこで，私はそのときにしていた算数の授業でのやりとりを，書いてみました。す

ると次の日，保護者からは今までと違う反応が返ってきました。
「先生，ありがとうございます。これで家でも教えられます」
「学級通信，とても参考になりました。別の小学校のお母さんも欲しいというので，コピーしてあげました」

それらのメッセージに，私は「授業を見せていなかったんだ」と気づきました。保護者は，教育の専門家ではありませんから，小学校で習うことが理解できても教えることに難しさを感じるのは当然です。それからは，学級通信や懇談会を通し，積極的に授業が見えるようにしてきました。時には板書を学級通信に載せて，どんな話し合いをしたのかを記事にしました。授業中に自分が話した言葉を，そのまま載せたものもあります。

こうすることで，普段の授業が保護者にも見えるようになり，担任の指導を理解するとともに，同じ言葉でお家でも子どもに教えてあげることができます。保護者は，授業参観などの「よそゆき」の授業を見ることより，「普段着」の授業を見たいと思っています。そのためには，学級通信で，より多くの授業を公開していくことが，保護者の安心感につながります。

3 学級を開放し，自分も開く

担任が，保護者の安全基地になる。

保護者と一緒に懇談会や授業参観を楽しんだり，学級を「見える化」したりすることは，担任としての自分を自己開示していくことなのかもしれません。教師と保護者は自転車の両輪です。「敵ではないですよ」と教師からノーガードで保護者に近づいていくことが，共に手を携えていく第一歩になり，子どもにも安心感をもたせることにつながると，私は信じています。

（北森　恵）

7 担任は「どう思っているのか」を見せつける！

1 保護者と担任で同じものを見る

　学級担任をさせていただいて最初の頃は保護者の方とお話をするのが非常に緊張した記憶があります。「保護者は年上だし……」「偉そうに生徒のことを語るなんて……」など多くの不安があったことを思い出します。そんな中，ある先輩の助言がありました。「俺らみたいな中年になるとさ，いろいろな技術みたいなもんが身に付くのよ。それがよく働くときも逆に失敗することもある。それはなかなか治せないんだな……。でも，みんなみたいな若い連中は，思い切りが大事だ。自分は何もわからないけれど，こう思っています！と生徒を大事に思う気持ちがあって，思いを伝えれば，保護者はその熱意で安心するんだよ」と。

　残念ながら，保護者を味方にするという目的で何かをしてきたことはありません。ですが，この先輩のアドバイスで今でも大事にしているのは，

> 生徒を大事に思う気持ちを伝えれば，保護者はその熱意で安心する

ということです。大切なお子さんをお預かりしている学校であり，学級担任という立場です。生徒一人一人の成長を願い，そのために最善の努力をすることは当たり前のことです。生徒の成功を共に喜び，失敗を共に悔しがる。生徒の幸せを願う共通の思いがあるのですから，それを共有することが一番大切なのではないかと思います。

　別の尊敬する先輩は，生徒の努力や成功を自分のことのように喜び，すぐに保護者に電話で伝えています。「母ちゃん，俺あれ見て嬉しかったよー」と人柄がにじみ出る自分の言葉で伝えます。保護者に連絡をするというと，何か問

題が起きたとき，と思われがちですが，生徒の努力や成功のときこそ保護者に連絡をすることの重要さを感じます。そして，それを

> 担任はどのように思っているのか，感情を伝える

ことが，保護者にとって非常に嬉しいことではないでしょうか。その先輩は保護者に連絡をとる機会も多いですし，保護者から連絡が来る機会も多いです。まさに保護者から信頼されている教師です。先輩の姿から，担任の思いを保護者に明確に伝えることの重要性を学ぶことができたと思っています。

この2人の先輩の姿から，

> ① 生徒を大事に思う気持ちは教師も保護者も同じ
> ② 担任の思いをきちんと伝える術を持つことが重要

だと感じるようになりました。

2 大事にしてきたこと

(1) 最初の学級懇談で，生徒のよいところを全体で報告！

学級開き，特に新しい学校に異動したてのときには教師も不安ですが，保護者も非常に不安だと思います。そのときだからこそ，

> 担任の先生はうちの子のよいところをきちんと見てくれている

という実感をもっていただくことが大事だと思います。そこで，最初の学級懇談会のときまでに生徒のよいところをできるだけたくさん見取り，価値づけて，伝えることを大事にしています。学級懇談会では，学級の机の配置を無視します。机を後ろに下げ，椅子だけで輪を作り，担任と保護者が同じ輪の中で話を進めます。小さなことかもしれませんが，

> 担任と保護者が同じ輪で子どもを語る姿勢

が重要だと考えます。そして、そのときまでに見取った生徒のよさを一人一人自分の言葉でお伝えします。

　保護者全員に集まっていただく機会は残念ながらなかなか訪れません。ですから、特別なお便りに生徒全員のよいところを書いて準備をしておきます。そして、実際に足を運んでいただいた保護者には、書いてあること以外のエピソードを具体的にお話しする。せっかくお忙しい中集まっていただいたのですから、それくらいのことは担任としてお伝えできる準備をしておくことが必要だと思います。また、家庭でのよいところをお話いただく機会としても有効です。そこで知り得た情報が生徒理解のきっかけになり、懇談会は大きな役割を果たします。実際、年度末の保護者との飲み会の席で、「あのときの懇談会が嬉しかったですよ」とコメントをいただいたときには、非常に嬉しかった記憶があります。

> 学級懇談会は自分の担任としてのポリシーを見せるチャンス。

　そんなふうに前向きに考えることも大事だと思います。教師も保護者も楽しみな場としての学級懇談会。そうあり続けるために、コストをかける意味はあると思います。

(2) **学級だよりでつながる**

　学級通信の作成においては、2種類の読み手を意識する必要があると思います。生徒と保護者です。ですが、30人以上の生徒と保護者に担任の思いや学級の様子、生徒の努力の姿を伝えることは大変なことです。そこで、具体的に伝えるツールとして、学級だよりを大事にしています。苅間澤（1999）は学級通信を用いた教師と生徒の関係づくり機能を高めるために、効果的な教師メッセージの表現について研究しました。そこでは、「わたしメッセージ」で記事を作成していくことで、教師の発するメッセージが生徒の共感性を高めていくことが明らかにされています*。前述の、担任は「どう思っているのか」を生徒に伝える意味でも、保護者に伝える意味でも大切なことだと思います。

84

また，学級通信の型もそのことに配慮した作りにしました。

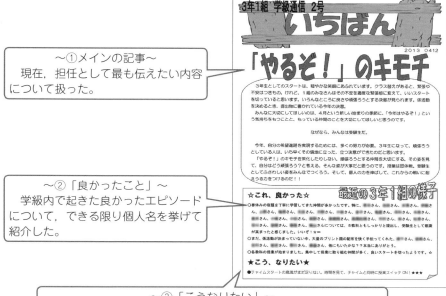

〜①メインの記事〜
現在，担任として最も伝えたい内容について扱った。

〜②「良かったこと」〜
学級内で起きた良かったエピソードについて，できる限り個人名を挙げて紹介した。

〜③「こうなりたい」〜
学級内の課題について記載する。課題については学級全体の問題として扱っている表現に努めた。また，こうなりたいという前向きな提案をすることで，未来志向の雰囲気づくりに努めた。

①メインの記事，②学級のよかったこと，③学級の課題，④写真と学級日誌（①〜③は表，④は裏）という４つの構成で作成を続けました。この構成により，ただのお便りではなく，今現在担任として伝えたいこと（①で扱う），一人一人の活動の価値の共有（②で扱う），これからさらによくなるための提案（③で扱う）を毎号記載し，短学活や学級活動の時間に，学級通信を手がかりに指導ができるように作成しました。生徒にとっても，型を統一することで，内容の把握がしやすく簡潔に指導につながることを期待しました。

また，学級通信の裏面に，学級日誌をコピーして掲載し続けました。

生徒が登校していない４月１日から，学級担任が日誌を記入し，新年度準備の様子や年度開始を心待ちにしている内容を第２号に載せました。同時に，担

第２章　保護者を味方にする教師の心得　85

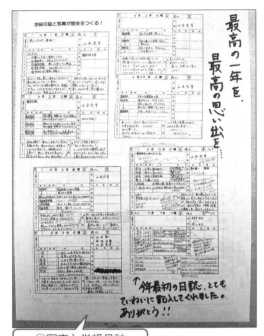

〜④写真と学級日誌〜

任による学級日誌の記載が、学級日誌の書き方の例としての役割を果たすように工夫しました。生徒が書く日誌には、一日の学級の様子、授業中の発言、その日がんばっていた人などを記載してもらいました。また、日直が感じたよいことや改善点についても記入させ、日誌の書き方についても評価を与えることで、徐々に学級の状態を細やかに記入するように内容が充実していきました。

このような学級の様子や、教師のこうあってほしいという思いや感情を素直に伝えることと、日誌に記入する生徒の目線での学級の様子を保護者に定期的に届けることで、学校で今何が起きているのか、学級の状態はどのようになっているのか、自分の子どもはちゃんとやっているのだろうかという疑問や不安にきちんと答えることになると思います。

また、学級の姿や個人の努力や成功などを個人名で紹介することで、

学級通信が生徒と保護者の話の材料になる

ことも、保護者から教わりました。「学級だよりをリビングに貼っているんですよ。それで、親と子が共通の話題で話すきっかけになるんです」。そんなお話をある保護者の方からされたときに、学級通信の大切な役割に気づかされました。学級通信には何をどう伝えるかで、大きな役割を担うのです。

(3) 電話よりもメールよりも直接話す

　担任をしていれば，当然保護者にお伝えしにくいことも出てきます。具体的には生徒の問題行動やいじめに関する報告です。保護者にとっては，自分の子どもが問題を起こしたり，いじめの加害や被害に遭ったりすることは非常に切ないことです。しかし，起きてしまった事実はきちんとお伝えするのが大切です。その報告がきちんとなされないことで，

> 学校や担任に対する不信感が生まれる

ことが往々にしてあります。

　自分自身も以前に，学習になかなか集中できない事実を保護者にきちんとお伝えせず，「先生，なんでもっと早く教えてくれなかったんですか……」「良いことしか言ってくれないから，きちんとやっていると思っていた」と不信感を与えてしまったことがあります。良いことに注目することも大切ですが，親としては「ダメなところはきちんと指導してほしい」という思いも当然あると思います。しかし，そういった伝えにくいことを電話だけで報告することは危険が伴います。なぜなら電話ではなかなか感情が伝わらないからです。特にいじめのような重大な問題や学校や担任の落ち度で起きてしまった問題に関しては，家庭訪問など，

> 実際に顔を見合わせて，お話させてもらう

ことは極めて大切なことだと考えます。

　担任は「生徒にどのような姿になってほしくて，そのためにどのような指導をしたのか」「結果としてどのようなことが起きてしまったのか，これからどうしていくのか」，保護者の方は「何を望んでいらっしゃるのか」などをフェイストゥフェイスで真摯に話し合うことが重要だと思います。

　しかし，保護者のスケジュールや学校の事情で，いじめや問題行動など重大な内容を電話で報告するしかないケースも当然あると思います。そんなときに意識しているのは，

> 職員室以外の場所など，周囲が静かな場所で電話する

ことです。重大な内容をお話ししているときに，職員室の笑い声などが電話の向こうの保護者に伝わったらどんな気持ちになるでしょう。そういった配慮もとても大切なことだと思います。

(4) 保護者一人一人とつながるチャンスを大事にする

担任にとっては，保護者は30名を超える存在です。しかし，

> 保護者にとっては，担任はたった1人だけ

です。担任はそのことを十分認識する必要があると思います。学期末には保護者一人一人との面談の機会があります。保護者の方にとっては，担任と個別で話すことができる貴重な機会です。その機会も時間が設定されているはずです。お仕事の合間を縫って保護者面談に来ていただくわけです。短い時間ではありますが，保護者の方にとって，「来てよかった」と思っていただける保護者面談であることが望ましいです。学期末の保護者面談では，

> ① 設定した時間を守る
> ② 待ち時間や面談後に学級の様子を伝えるための学級通信や学級日誌を置いておく
> ③ 生徒個人の作成した掲示物などが見られるように準備しておく
> ④ 生徒一人一人について，学習や学校生活の成果と課題を具体的にお話できるように準備しておく
> ⑤ 話し足りない状況に対して次の機会を準備しておく

などが大切だと考えます。

学級懇談会とは異なり，保護者の方お一人お一人と個別にお話ができる大切な機会です。また，忙しい中，学校や学級，生徒について普段聴くことができない話を期待している保護者の方もたくさんいらっしゃいます。担任は保護者

の方が，何を話したいのか，何を知りたいのかを意識して，準備をすることが大事だと思います。

また，懇親会も貴重です。飲みニケーションとも言われるほど，懇親会は保護者の方との距離を縮めるまたとない機会です。特にお父さんと意気投合して楽しい時間を過ごさせていただくこともしばしばです。教師も保護者も立場がある前に，人間です。

> 立場を意識しすぎて人間味を感じさせないのは，距離感を感じさせ，なかなか本音でお話できない

こともあります。懇親会だけではありませんが，保護者の方とつながる機会を大事にして，お互いの信頼関係を深めることもとても大切だと考えます。

3 生徒と担任と，保護者と担任と

保護者と担任は生徒を介してつながることが多いです。生徒の一言が担任のイメージを大きく変化させると思います。時に過大評価だったり，時に誤解を与えてしまったりすることも。しかし，保護者と担任は，

> 子どもの幸せを願い，そのために努力する

点で同じ目的を共有しているはずです。その思いを共有し合う手立てと機会を大事にすることが大切だと思うのです。その手立てと機会が，学級懇親会，個別面談，学級通信，電話，家庭訪問などだと考えます。

また，時には，生徒と担任，保護者と担任の関係が良好でも，生徒と保護者の関係が良くないことがあります。保護者の気持ちを代弁したり，逆に生徒の

気持ちを代弁したりするケースも出てきます。そんなときは，担任は

> それぞれの思いを，担任としてどう思っているのかを双方に伝える

ことが重要だと考えます。勇気をもって，自分が生徒を大切に考えて思うことを，生徒本人や保護者に伝えることが大事だと思います。

　母子家庭の生徒Ａ君がいました。私との関係は良好でしたが，母親との関係は悪く，家庭での母親に対する態度はひどかったようです。三者面談のときです。母親が家庭でのＡ君の態度を話したときに，Ａ君は母親に対してにらみながら「うるっせえ！」と言いました。私は母親の辛い気持ちも以前から聞いていたので，たまらなくなり，「母ちゃんの気持ち考えたことあるんか！　そんなお前見たくねえよ！」と大声を出してしまいました。面談は良くない雰囲気で終わり，母親だけが残り，少し話をしました。そのときは，母親から「先生，ありがとうございます」とだけ言われたことを覚えています。

　翌日，Ａ君と話をしました。「母ちゃんの前で怒鳴ってごめんな。でも，なんであんな態度とるの？　なんか理由があるんだろ？」Ａ君が答えた内容は，「俺だって，お母さんにほめられたい……」ということだったと思います。Ａ君の中では，妹の世話ばかりやく母親に，自分のことも見てほしい，認めてほしいという願いが間違った方法で現れてしまったのです。母親にそのことを伝えました。母親は「やっぱり，そうですよね……」わかっていたのです。でも，息子に対してはつい厳しく当たってしまう。そのことも自分で理解していらっしゃいました。Ａ君に伝えました。「お前の母ちゃん，ちゃんとわかってたよ。だから大丈夫。お前も母ちゃんもお互いにお互いのこと大事に思っているのは間違いないよ。いつか，わかるんじゃないか？　お母さんの気持ち……」。Ａ君は恥ずかしそうでした。

　そんなＡ君も今や立派なお父さん。父親として子育てに奮闘しているようです。「先生，俺の子どもが中学生になったらまた担任してね」。そう言ってもらえたことがとても嬉しかったです。そうです。そうなんです。

生徒はいつか保護者になる

のです。子どもの幸せを願い奮闘する,そんな保護者と教師の姿をまざまざと生徒に見せつけることが実は一番重要なのかもしれませんね。

【参考文献】
＊苅間澤勇人・大河原清「学級通信記事における教師メッセージの研究」『岩手大学教育学部附属教育実践研究指導センター大学紀要』第9号,1999

（山本　宏幸）

8 中学校 保護者の協力を得る教師の心得
～学級の「見える化」で保護者に安心感を～

1 「子どもの幸せ」を共に目指して

　子どものよりよい成長には，保護者の協力がなくてはならないと思います。学校と家庭が目的を共有して，目の前の子どもに接していくことが大切です。

　とはいえ，現在，保護者との関係を良好に保ち協力を得ていくことは，年々難しくなってきています。特に若手の先生方においては，子育ての経験もなく，しかも年上の保護者に対して，よりよい関係をつくっていくことに苦手意識をもつのは当然のことと思います。

　私も若いときは，職場で電話が鳴ると「自分の学級の保護者なのかもしれない」「学校でトラブルがあったのか」「どう対応しようか」「苦情じゃなければいい」などと，考えてしまうことが多かったような気がします。

　しかし，すでにその考え方が保護者との心の壁を自らつくっているのではないかと気づきました。それまで保護者からの連絡は，自分の指導へのダメ出しだととらえていました。そして，私はそのダメ出しに対して信念をもって対応しなければ保護者は安心せず，信頼感は得られないと考え，説明することに力を入れていました。それが誠実であり，一番よい方法だと思っていました。

　保護者の目に私の姿は「自分本位の考え方で生徒を指導する先生」と映っていたのではないかと思います。そして，「保護者が何を言っても説明ばかりで話を聞かない先生」とも思われていたかもしれません。

　そのような保護者との関係から抜け出すことができたのは，

> 「人との関係性はポジティブであるべきなのでは……」

と考えるようになったことがきっかけでした。未来ある子どもたちの前に立つ

教師が，ネガティブに考え，対応に追われるように指導をしていては保護者も安心できないのではないかと思い，自分の考え方を変えていきました。

保護者の連絡を「子どもの成長をよりよいものにしたい」ととらえることができるようになったとき，「自分も保護者も同じ目的を目指しているんだ」と改めて感じることができました。

個々の生徒の成長を支える土台は，やはり家庭です。そして，その生徒の居場所となる学級が円滑に機能するのも，家庭の協力があってこそだと考えます。

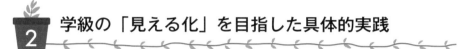

2 学級の「見える化」を目指した具体的実践

河村茂雄氏は『教師のための失敗しない保護者対応の鉄則』（学陽書房）の中で，教師は「保護者に理解者・協力者になってもらうには，プラスの評価を得，信頼感を獲得するしかない」とし，そのためには「保護者の信頼を勝ちとりながら実践していく」ことが必要になると述べています。

この信頼感を勝ち取る方法を私は以下の3つとし，実践しています。

(1) 学級の様子を保護者に向けて発信し続ける

保護者にとって自分の子どもは宝であり，何物にも代えがたい唯一無二の存在です。そんな保護者にとって大切な存在である子どもを日々預かり，指導しています。保護者にとって，子どもがどのように過ごしているのかは，大変気になることだと思います。特に学級の中での友達関係や授業理解・態度には，大きな関心をもっているのではないでしょうか。

したがって，学級での活動の情報がなければ，保護者が「何が学級で行われているのか」と疑問に思うのは当然です。その疑問が不安となり，不安が不信感につながっていくと私は考えています。

だからこそ，担任として学級での様子や生徒が何を今学んで，どんなことを考えているのかを積極的に発信し続けることが必要になってくると思います。

その一つの方法が学級だよりの発行です。学級だよりは生徒向けに書くべき

か保護者向けに書くべきか，よく話題になりますが，私は「生徒自身が読もうとしない内容なら，親に見せることはない」と思っています。実際，生徒にとってよくわからない内容のプリントは往々にして保護者の手に渡っていないということがよくあります。

　まず生徒から保護者に便りが届き，保護者にも読んでいただけるようにするためにも，私は以下のことを内容に取り入れています。

　① 定期的な発行があることを宣言する！

　学級開きに配付する第１号に「この便りで学級の様子を継続的に伝えていきます」と宣言し，第○号と必ず記します。また，保護者会や家庭訪問，授業参観等の至るところで，「学級だよりはご覧になられていますか」「毎週金曜日に発行しますので，ぜひ見ていただきたい」と宣伝し続けます。

　この宣言により，私は週１回の発行を自分に課しました。生徒の活動やよさを見つけようとする目が養われるのはもちろんのこと，保護者との話の中で，学級だよりの内容が話題に上ることも増えてきました。なかには週末になると「金曜日よ。手紙ないの？」と生徒に聞く保護者や毎週の学級だよりを楽しみにしてくれている保護者も現れてきました。

　途中でドロップアウトしてしまったら，保護者に子どもの様子が伝わらなくなってしまうと考え，発行し続けるようにしました。発行を続けることが保護者とつながる重要な手がかりの一つととらえています。

　② 活動の思いや願いをしっかりと伝える！

　ある活動をする前に，その活動の意味を生徒に伝えるのは当然です。しかし，それは保護者には届きません。したがって，学級だよりを通して，保護者になぜその活動を取り入れたのかを必ず伝えるようにしています。その部分にこそ，私の思いや願いが表現されているからです。

　活動した事実だけでは，その裏に隠された思いや願いが保護者に伝わることはないのです。学校や学年，学級で活動した意味を伝えることで，教師側の思いや願いが保護者と共有され，協働して子どもを育てていこうという下地が少しずつ出来上がっていくのではないでしょうか。

> ■■■つなげ！心の絆！■■■
> 今週の道徳の時間で，「つなげ！心の絆！」という活動を行いました。
> 　　　　　　　　　　　～中略～
> 　単純な作業であるにもかかわらず，みんなは互いに助け合い，時間内でできるだけ輪をつなげようと頑張っていました。
> 　**どんな活動でも，仲間と協力することで楽しさが生まれます。そして，一生懸命に取り組むからこそ笑顔になるんですね。各班で協力する姿勢が見られ，とても温かい気持ちになりました！　ぜひ，この姿を今後に生かしていきましょう！**

> ■■■私のイメージは!?　良さを見つけ合う活動！■■■
> 学活で「私の四面鏡」という活動を行いました。くじで決めた……
> 　　　　　　　　　　　～中略～
> 　「○○さんは，頭が良いイメージがあるなぁ！」「○○さんは，お姉さん的だよね！」など，それぞれのグループで楽しく会話をしながら活動していました。言われた人は，みんなが笑顔になり，温かい時間となりました。
> 　人の「嫌なところ」に目が行きがちです。しかし，このように仲間の「良いところ」を探し，伝えてあげる活動は仲間との関係を良くすると同時に，**集団としてのまとまりも強めていきます。中学校生活最後の学級です。みんなが仲間を大切にし，何にでも意欲的に活動して盛り上げられる集団になってほしいと願っています！**

学級だよりから抜粋（太字が保護者に伝えたい内容）

③　生徒の活動や表情がわかる写真を載せる！

　保護者が知りたいことの一つに友達関係があります。「うちの子は友達とうまくやっているのか」「独りぼっちになっていないか」，そんな不安はどの保護者も抱いていることと思います。中学生にもなると学校であったことを話さない生徒もいますし，心配かけたくないという思いから，事実とは異なることを伝える生徒もいます。そんな中学生期だからこそ，活動の様子や生徒の表情，学級全体の写真は何より保護者を安心させるものになります。

　私は行事ごとに学級写真を撮るようにしています。教室の後ろにはポスター印刷し，大きく掲示しています。大きな活動を終えた後の生徒の表情は達成感に満ちています。しかし，学級掲示だけでは保護者には伝わりません。学級だよりの中で「みんなで一つのことに取り組んだ結果，こんな姿になっている」という思いを保護者に届けます。また，グループごとに生徒同士がかかわっている写真，黙々と課題に取り組んでいる写真なども活動内容と意味づけて便りに載せています。

【国語：みんなで話し合いながら作成中！】　【数学：みんなで楽しみながら問題作成！】

予想問題作成の様子

【クラスの後ろに大きく掲示された学級写真を見るのが，私の楽しみの1つです（笑）一人一人頑張ったからこそ，映し出された笑顔ですね！】

学級全員で行事を乗り越えた後の全員写真（学級だよりから抜粋）

④　生徒の感想やアンケート結果を載せる！

　その活動から生徒が何を感じ取ったのかを伝えるようにしています。生徒の活動事後の感想やアンケート結果は，保護者が学級だよりに目を通していただけるための大切な材料の一つになります。

　同じ学級の友達が何を考えて生活しているのかは，保護者にとって自分の子どもの成長のためにも知っておきたいことなのではないでしょうか。生徒は自分や仲間のコメントはよく読んでいます。その姿を見て，これなら保護者にも読んでもらえると確信します。

　学級だよりを保護者との連携の一つとして力を入れている先生は多いかと思います。「便りがまず保護者の手に届くためには，どのように作成すればよいか」そして，「読むことで学級や生徒の様子と担任の思いがしっかりと伝わるように意識して発行してあるか」が必要だと考えています。

継続して便りを発行することは，相当の覚悟と量力が必要だと思っています。学級だよりの一号一号が保護者との関係を結んでいけるように，しっかりとした目的意識をもつことが大事だと考えています。

(2) 学級の課題をありのままに伝える

学級ではよいことばかりではなく，様々な問題が起きます。担任はそのような状況を打開するために方策を考え，対応をしていきます。そのような状態を保護者に伝える生徒もおり，聞いた保護者は「今の学級の状態はどうなっているの!?」と不安に感じるときもあるかと思います。保護者が知りたいのは現状であり，よさも課題も含めたものだと考えます。

私は学級の課題も包み隠さずに保護者に伝えることが大切だと思います。課題を表に出すと批判を受けてしまうのではないかと二の足を踏みたくなりますが，正直に現状を伝え，保護者の協力を得られるように情報を開示していきます。また，重要なのは課題とそれに対する生徒のとらえ方や今後の対応策を伝えることです。

課題だけ伝えられては保護者も不安に感じるでしょう。しかし，その学級の課題を生徒たちがどのようにとらえ，どのように解決に向かおうとしているのかがわかれば，保護者も見通しをもって見守っていけるのではないでしょうか。

① 学級で行った学級満足度アンケートの結果

下の図は，学級独自で行った学級満足度の結果とその理由を表したものです。「授業中騒がしい」「落ち着きがない」「私語が多い」など，コメントから学級での授業の様子がわかります。これが生徒のとらえであり，生の声として保護者に伝えます。

この後，その課題に対する解決策の話し合いの様子や決まった取り組みを紹介します。授業態度改善への取り組みは「時間着席」でした。「チェック表を作り班長が中心となってみんなで呼びかけ合う」を具体的な方法とし，もしそれでもできない生徒がいた場合は，「昼休みに先生と特別面談をする」という解決策まで，生徒自身が考えたことを保護者に伝えました。

1組の課題解決「時を守る！」

学活で1組の現状について考えました。今の1組に対する満足度と理由は以下の表のとおりです。

100%〜	〜90%	〜80%	〜70%	50%〜
1人	9人	8人	11人	4人
・授業が1年の時より進む！ ・楽しいことばっかりしかない！	・楽しいし、授業もある程度いい。 ・明るくて楽しい。 ・協力するときはできる！ ・盛り上がれる！ ・冷やかしがなくて、いやな気持にならない。	・楽しいけど、授業中さわがしい。 ・授業中にうるさくて、授業が止まるときがある。 ・授業を受けない人と寝ている人がいるから。	・勉強の態度が悪いとき（自分）、挨拶の意識が低いときがあるから。 ・やるときはやっているが、そうでない人もいるから。クラスの雰囲気はいいが、落ち着きがないから。	・行動が遅すぎる。 ・私語が多すぎる。 ・楽しいときもあるけど、つまらないときもあるから。 ・普通です。

学級独自に行った学級満足度アンケートの結果（学級だよりから抜粋）

② 学校で行った生活アンケートの結果

生活アンケートの数値から生徒が話し合って挙げられたのが、「学校にはいじめや暴力が見られる」でした。ドキッとする課題ですが、これが生徒の声になります。生徒のとらえを大事にし、そのまま保護者へ伝えます。また、その課題を解決するために取り組んでいく内容も伝えます。

前期の学級の課題把握！ 後期はここを意識！

前期の生活アンケートの結果がみんなに公表され、そこから学級の課題について話し合いをしました。数値を見て真剣に班で話し合ったり、興味深く見入っている人など、多くの人が自分のクラスのこととして考えてくれました。

いくつか、課題があがりましたが、その中でも1位にあげられた項目のみ、どのように今後取り組んでいくかを確認しました。

1組の学級の課題

1位：学校には、いじめや暴力が見られる！
2位：学校の決まりやルールを守っていない人がいる！
3位：身だしなみがだらしなく、注意を受ける人がいる！
4位：無言清掃が徹底できていない！
5位：時間を守れていない人がいる！

学級で決めた目標を達成するために、どのように取り組んでいくか？

・一人一人が「いじめ・暴力を絶対にしない」と意識して行動する！
・相手の気持ちを考えた行動をする！ クラスから暴力をなくす！
・自分がやられて嫌なことはしないようにするには、相手がどういった気持ちになるかを頭の中で考えて行動する！
・学校生活で絶対に意識して生活していく！
・いじめになりそうな行為を見かけたら注意する！
・自分がされて嫌なことはしない！ 相手のことを考えて行動する！
・相手の言い分や話をしっかり聞けるようにする！
・自分がされて嫌なことはしない！
・相手のことを考えて行動し、嫌がることは絶対にしない！
・相手が喜びそうなことをたくさんする！

※居心地の良い学級を作るために最低限のマナーです！ みんなで意識した生活を！

学校実施の生活アンケートの結果と今後の取り組み（学級だよりから抜粋）

(3) 最初の授業参観で勝負する

　保護者と最初に顔を合わせることになるのは，おそらく４月の学級懇談会ではないでしょうか。そして，その日に合わせて授業参観が行われる学校が多いと思います。私が勤めた学校も最初の授業参観は担任の授業でした。

　保護者にとって子どもの学級担任がどのような先生で，どのような授業をするのかは非常に関心が高いことです。そこで，私はこの授業参観の目的を２つに絞りました。

　一つ目は，保護者に「自分がどんな人間かを見ていただく」ことです。私が何を大切にしているのか，どのような姿勢で生徒に接しているのか，表情はどうか，教室内の整備はどうしているのか，そのすべてを保護者に見ていただく絶好の機会ととらえました。

　二つ目は，「生徒が一生懸命に授業で活動している姿を見ていただく」ことです。せっかく足を運んで学校まで来てくださったのに，生徒がずっと座ったままの授業では，保護者の満足感は得られないと思います。自分の子どもが授業に積極的に参加し，活動する様子に安心感をもち，それが信頼感の獲得につながっていくのではないかと思います。

　その２つの目的を達成するために，以下のポイントを大切にしながら，万全な準備をして臨むようにしています。

① 「安心感」を確保する！

　学級開きから１か月もたたない中では，教師と生徒の信頼関係を構築している段階です。いくら「間違えたって大丈夫！」と声をかけたところで，生徒の発言は促せません。

　そこで，私は正解・不正解を求めない道徳や学活を行っています。また，１時間の授業のルールとして「意見は質より量が大切であること」「そのために絶対に否定的な意見は言わないこと」を徹底させています。

　生徒の活発な授業への参加を促すためにも，生徒の安心感の確保という環境整備が必要不可欠となります。私はこのポイントを基盤として，授業の内容を構成していくようにしています。

② 生徒同士の活動を取り入れる！

　先ほども述べたように，教師と生徒の信頼関係を構築している段階であり，生徒同士の信頼関係は希薄な状況です。しかし，あえてグループ単位での活動を仕組んでいきます。安心感という環境整備をしておくのも，この活動を成功させるためです。

　課題解決に質より量を求めていくことで，一人一人が意見を出すことが重要になります。すると，どんな意見でも出すだけで，自然と周りから認められる構造となります。そのような活動の中に，生徒同士が笑顔でかかわり合う姿や，それを微笑ましく参観する保護者の姿を見ることができます。

　また，このような活動では，「問い」が重要になってきます。そこで，私は誰でも数多く意見が出しやすい次のような問いを投げかけ，グループ活動をさせています。

> 例：「目指す○組の姿（学活）」「こんな人になりたい（道徳）」「理想の先輩とは（道徳）」「仲良く生活するための大切にしたい行動と考え方（道徳）」

③ 称賛する言葉がけを多くする！

　ポジティブな言葉がけは，その場で聞いている人も心地よい気持ちにしてくれます。時間着席をしている，服装がしっかりしている，指示に対して素直に反応しているなど，できていることをしっかり称賛します。その際，できる限りアイメッセージで伝えるように心がけています。例えば，

> 「時間着席ができているね。素晴らしい！　先生は嬉しいよ！」

> 「いつも通りの完璧な服装ですね。さすが○組！」
> 「こんなに意見が出せるなんて。すごいじゃん！ 先生はびっくりしたぞ！」

などです。アイメッセージは教室の雰囲気を温かくします。そんな温かい教室の雰囲気の中で授業を見ていただいている保護者にもそれが伝わるのではないかと信じて実践しています。

3 保護者との良好な関係性は一日にしてならず

　保護者の協力なくして生徒のよりよい成長も，よりよい学級経営も望めないと私は思います。すべての保護者は子どもが安心して学校に通い，友達と仲良く勉強する姿を願っています。私たち教師はその保護者の一番の理解者であり，疑問や不安を親身になって共に考えていくことが何より必要なのではないでしょうか。

　そのためにも，まず保護者に対して教師側からアプローチし，信頼と協力を得られるように働きかけを継続していくことが大切だと思います。

　私が述べてきたことは経験の中で感じ取ってきたことであり，今後もまた変わっていくこともあるかと思います。「保護者と共に子どもを育てる」という最も重要なことを胸に置きながら，保護者の思いや願いに応じてベストな対応を選択していく柔軟性がこれからは必要になってくると思います。

　自分の持ち味を大切にするとともに，多くの実践経験をもつ先生方の成功への手立てを参考にし，自分なりに保護者とかかわりを深める術を見出していけることを願っています。

（吉田　　聡）

9 計算してもうまくいかないから，もっと本音で勝負しよう！

中学校

1 謙虚になる

　最初に，私の原点とも言うべき思い出をお話しします。ある年，4月の保護者会で意気揚々とその年のビジョンを語りました。根拠のない自信のあった私は，「今年一年間，どうぞよろしくお願いいたします。全員の子どもたちにとって最高の一年にしてみせます」などと語りました。ある保護者の方からは「期待しています」と声をかけていただきました。

　思い返せば，実に重たい一言です。

　しかし，6月ぐらいから，徐々に思うようにいかないことが増えてきます。当番活動をさぼる生徒も見られ，注意することも多くなってきました。そうこうしているうちに，数名の女子生徒との関係が悪くなりました。何か指示をしても，嫌そうにしている，なかなか聞こうとしません。うまくいかないままただ時間が過ぎていきました。

　学級の雰囲気も良くありません。学校行事は本来楽しいものなのですが，その年はこなしている感覚もあり，生徒も私もどことなく重たい毎日を過ごしていました。

　3学期に入ると，「もうすぐで学級も解散する」「一度リセットして新しい気持ちでスタートしたい」そんな気持ちが強かったように思います。お恥ずかしい限りです。

　終業式の前日，女子生徒Aさんに呼び出されました。Aさんは，最初に「期待しています」と声をかけていただいた保護者のお子さんでした。その生徒は私に対する不満，学級に対する不満を矢継ぎ早に口にしました。ひとしきり不満を言い終わると，最後に「先生のことを思って，このままではまずいと思っ

て，全部思っていることを言いました」と言いました。その言葉を聞いた瞬間，申し訳なさと自分の力のなさを心底感じ，こらえきれず涙しました。

話を終えてAさんを玄関まで見送りました。そこには，「期待しています」と声をかけてくださった保護者が待っていました。私が話しかけようとすると，軽く会釈だけをして振り向き，そのまま帰っていきました。その後ろ姿が今でも忘れられません。

私は，子どもはもちろん，保護者の期待を裏切ることになってしまったのです。それまでの数年間のつたない経験もすべて打ち砕かれました。少し仕事も覚えてきて，自分自身に対して過信していたのだと思います。最初に言った言葉を実現するための覚悟とそのための働きかけが足りなかったのです。

このエピソードから私は，保護者との信頼関係を築くためには何よりも

> 自分の発した言葉に誠実に向き合うこと

が大切だと学びました。発した言葉に誠実に向き合い，そのための努力を継続すること，そしてその努力を楽しみながら行うこと。この年を境に私が意識するようになったことです。

2 「安心＜不安」から「安心＞不安」へ

ある年，前年度まで登校を渋ることの多かったBさんの担任になりました。新年度初日，心配したのですが，前年度の担任が頻繁に連絡をとってくださったこともあり，Bさんは登校をしました。時折疲れた表情も見せることはありましたが，級友と会話する様子も見られ，笑顔で過ごしていました。帰り際に，Bさんに「一日疲れたでしょう。どうでしたか」と声をかけました。Bさんは，「はい。疲れました。だけど，楽しかったです」と答えてくれました。

その日の放課後，Bさんの保護者に連絡をとりました。どのお子さんの保護者も初日は，どのような担任だったのか，どんな学級の雰囲気か，など気にしています。とりわけ，登校を渋りがちだった生徒の保護者にとっては，その後

の一年を左右しかねない大事な日です。前日から明日は登校するのかどうか不安を抱え，朝玄関を出ていく姿を見て安心し，登校したらしたで学校での様子が不安になる。安心と不安の入り混じった気持ちから少しでも安心が勝るようにしたいと考えました。

> 「今日はとても配るものが多かったのですが，Bさんは率先して配るのを手伝ってくれたり，自己紹介のスピーチも一生懸命に考えてくれたりしていました。(前年担任の)○○先生もBさんに声をかけたところ笑顔で「楽しいから大丈夫です」と答えたそうです。おそらく家でどっと疲れが出ると思いますので，様子を見守ってあげてください。私は前年まで少し学校を休みがちであったことは○○先生から聞いています。Bさんにとってよい一年になるように，精一杯努力いたしますので，どうかお力添えをいただけますようお願いいたします」

確かこのようなことを伝えたように記憶しています。電話口のお母さんも大変恐縮され，「多くの先生方にBのことを気遣っていただいてありがたいです」と感謝の言葉を述べておられました。

生徒のよさやがんばりを伝えることは，多くの先生方がされていると思います。私は上記の下線部のように情報が校内で共有されていること，教師集団でBさんを支えているのだということを伝えることも安心感につながると考えたのです。

実際，Bさんのように，少し気になるお子さんの情報は学年で逐一交換されていました。風通しのよい学年集団であることを伝えるのは保護者にとっての安心感につながります。安心感が学校への信頼へとつながることは，普遍の原理であると考えます。

しかし，現代は情報通信技術が発達した時代です。教師が気づかないマイナスの情報も多く出回る危険性があることも認識しておかなければなりません。保護者にとっては，子どもとのかかわりで「安心＜不安」の状況は絶えずあると思います。むしろ，そちらのほうが多いのだという認識も必要かもしれません。教師の仕事は，学校や学級が生徒一人一人にとってよりよい環境にするこ

とです。「生徒の事実で勝負する」という軸がぶれてはいけません。

その前提をふまえて，教師は保護者に安心感を伝える言葉をもたなければいけないと思います。そのときに重要なのは

> どうやったら安心＞不安になっていただけるか，伝える言葉を工夫すること

だと思います。

若い先生方は「このように伝えたいのですが，いいでしょうか」と主任に相談してみることも重要なことです。

3 顔を合わせる

Bさんの話に戻ります。

順調に1週間ほど過ごしたBさんでしたが，次の週の月曜日から登校を渋るようになりました。月曜の朝，お母さんから「体調が悪くて学校に行けないと言っています。様子を見て登校させたいと思います」と電話をいただきました。想定の範囲内でのことでした。前年にも似たような状況があったからです。私はすぐに家庭訪問に向かいました。

家に着くと，パジャマのままのBさんとお母さんが，玄関に出てきました。「玄関に出てきてくれたんだ」と内心ほっとしました。しかし，学校に行きづらい理由などについて時間をかけて話をする必要があると考えていたので，お母さんにお許しをいただき，家に上がって話をすることになりました。

Bさんは，「学校に行きたくないわけではない。だけど，体が重たい」という話をしてくれました。その横でお母さんは「すみません，すみません」と頭を下げておられます。私は，「謝ることはありませんよ。お母さん。Bさんは何も悪いことはしていないのですから。もしも，私に迷惑をかけていることに気を遣われているのなら，心配なさらないでください。私にとっては，お母さんとBさんと一緒にこうしてお話できていることがありがたいのです」と努めて笑顔で話しました。

それから、世間話やこれまでの学校のこと、習い事のことなどを話しました。それでも、この日、Ｂさんは学校には行けないということでした。あきらめて学校に戻ることにしました。帰り際に、お母さんは私にこのように言いました。
「先生にわざわざ来ていただいて申し訳ありませんでした。それでも先生と直接お話できて、なんだかほっとしました。おそらくＢは一年間、こんな感じで行ったり行かなかったりを繰り返すと思います。どうぞあきらめずによろしくお願いいたします」
　私は、「ありがとうございます。お母さんも無理をなさらずに何でも相談していただければと思います」と返しました。一瞬「がんばりましょう」という言葉が頭をよぎったのですが、よく言われるようにすでにがんばっている方にこの言葉をかけるのはなんだか気が引けたので思いとどまりました。
　このときの「なんだかほっとした」という一言に救われたことをよく覚えています。想定はしていましたが前の週まで笑顔で生活していたＢさんを見て、このまま続くのではないかと少し期待していたところもあったので、私自身も内心落ち込んではいたのです。
　この言葉を聞いて、お母さんも落ち込んでいるはずなのに私を気遣ってくださっている、私が落ち込んでいられないと強く思いました。
　このことに気づくことができたのは、やはり直接話したからです。
　当たり前かもしれませんが、保護者とのつながりをつくるには

直接会うことが重要である。

　このことに尽きると思います。そして、深刻なことを深刻そうに話さない。課題を必ず解決できる方法が見つかるという前向きな気持ちで保護者と接することが重要です。これは、電話では伝わりません。もちろん、相手のあることなのでいつもというわけにはいきません。それでも、直接会うことを面倒だと思うのではなく、直接会うことで状況が好転するんだという意識は常にもっておきたいものです。
　ちなみに、この一年間、Ｂさんが欠席する度に、私は放課後にその日の配付

物を持って家庭訪問をしました。もちろん，行く前には必ず保護者に一報を入れるようにしました。保護者からＢさんに私が行くことが伝わります。つながりをつくるのは，地道なことの継続です。

　数年後，たまたま歩いているＢさんとお父さんにお会いする機会がありました。お父さんのほうから声をかけてくださいました。どこかふっきれたような感じがしました。楽しくお話することができました。Ｂさんは，高校に進学し，部活動も始めて休まず登校していることを笑顔で話してくれました。

　かかわっている年は必死でしたので，何が正解かはわかりません。それでも自分なりに，保護者とＢさんとかかわってきました。卒業後も声をかけてくださり，明るくお話してくださる姿を見て，つながりをつくることができていたのだなと実感しました。

4 情報を伝えること

　私はこれまで「学級通信」の発行を大事にしてきました。ここ数年は，道徳や学活などで生徒が書いた感想などは全員分必ず掲載していました。また，生徒が日記を書いていた年は，日記で学級の状況について問題提起する生徒も現れたので，通信で紹介することも何回かありました。私のこだわりは，ずばり

> 情報の即時フィードバック

です。例えば，道徳がある日は，前日にフォーマットを作成しておきます。あとは打ち込むだけにしておき，空き時間などを使って作成していました。いつもそうできたわけではないのですが，遅くとも次の日には前日の内容が保護者にも伝わるように心がけていました。

　学級通信は保護者とのつながりをつくる上で重要なツールになると思います。しかし，一つの選択肢でしかないことも頭の片隅に置いておかなければいけません。配付したからといって，生徒が保護者に渡す保障はどこにもないからです。私自身，何度も放課後の教室で床に落ちている通信を目撃し落ち込んだこ

とがあります。ひどいときは紙飛行機になっていたこともあります。どうやったら生徒に読まれて，しかも保護者とつながるツールになるのだろうか。そんなことを心がけて行きついた一つの方法が，即時フィードバックでした。

　教師の想いが，通信を通じて保護者に伝わるのだなと感じるようになったのは，それから数年後です。その年は，ことあるごとに，通信の感想をお手紙やメールでいただきました。

> 　通信毎回楽しく読ませていただいています。中学生になってなかなか学校のことを話さなくなって少し寂しく思っていたのですが，先生からいただく通信が子どもとの共通の話題を提供してくれています。学校の様子がわかって安心するのと同時に，他のお子さんのがんばりにわが子も刺激を受けているようです。通信の作成大変でしょうが，これからもどうかよろしくお願いいたします。

　このようなお手紙は何枚もいただきました。懇談会などで直接声をかけていただいたことは数え切れません。中学生ともなると，なかなか自分から話すことが少なくなるようです。その中で，通信は保護者と子ども，保護者と学校とをつなぐツールになるのです。

　また，こんなお手紙もいただいたこともあります。

> 　先日の通信でＣのことをほめてくださり，本当にありがとうございました。普段はあまり自分から話をしない子なのですが，このときは読んでほしかったのか，自分から通信を渡してきました。家ではついつい叱ってしまうこともあるのですが，通信をきっかけにＣと話をすることができて，私もほめることができました。本当にありがとうございます。

　私の発行する通信には，生徒の名前が多く登場しました。名前を掲載することは覚悟がいります。どの生徒も平等に掲載しないと，保護者の不満につながる可能性もあるからです。したがって，道徳などの感想は，全員を載せるようにしていたのです。

　こんなお手紙もいただきました。

> 先生，いつもお世話になっております。先生が発行してくださる学級通信は私にとっていつも考えさせられる内容です。子どもたちの意見や感想の中には，本当にたくさんの宝石のような言葉がつまっています。通信は宝石箱のようです。子どもは家では学校のことはほとんど話しませんが，いつも家に帰るとテーブルの上に通信が必ず置いてあります。お忙しいとは思いますが，これからも通信楽しみにしております。

前述したように，発行を重ねるごとに，通信には生徒の言葉がたくさん載るようになりました。生徒の言葉をつぶさに読み取って，わが子だけでなく，学級の生徒全員の成長を実感する保護者も増えてきたのです。合唱コンクールなどの行事の際にお会いした保護者の方からは，次のような言葉をかけていただきました。

> 「何か他人事のように思えないんですよ。これまでの子どもたちの様子がわかるだけに不安というか複雑な気持ちです。それにしても，今年は行事が本当に楽しみになりました」

合唱を終えた後，涙を流した保護者もおられたようです。合唱で涙することができたというのは，当日の合唱の背景にあったプロセスを共有していたからだと思います。

情報を即時フィードバックすることはプロセスを共有するという効果もあるのです。

> 「先生，本当にありがとうございました」
> 「あの子たちのがんばりをわかっているだけになんだか泣けてきました」

この言葉がすべてを物語っています。

リアクションをいただくようになってから，ますます通信を発行する意欲が高まりました。教師の想いを伝え続けたことが，子どもに伝わり，保護者に伝わり，自分自身に返ってくるというイメージです。

学級通信の作成は無理のない範囲で行うのが一番です。私は楽しみながら作成していたので全く苦になりませんでした。続けていれば，保護者や子どもからのリアクションは必ずあります。

　結果が出るまで続けられるか，この覚悟が問われます。

5　自然体で接する

　ある年，急きょ異動することになりました。2年生を担任していたときだったので，次年度は持ち上がるつもりでいました。生徒，保護者にとっても青天の霹靂であったようです。異動が発表になってから，生徒たちの反響以上に保護者への反響が大きかったのです。驚きました。

「驚きました。やっとこの地域にも慣れてこれからなのに，残念です」
「子どもたちの卒業を見届けられないなんて」
「離任式に行きたいのですがいいですか」
等，次々とメッセージが届きました。保護者の方々にこんな言葉をかけていただけることが本当に幸せでした。

　学年の保護者代表の方から「どうしても保護者で先生の送別会を開きたいのです。なんとかお時間をつくっていただけますか」と言われました。断る理由はありません。快諾しました。

　当日は，学年の保護者の7割以上が参加してくださったように記憶しています。会の最後に，私にスピーチする時間が与えられました。

> 「昨年，なかなか子どもたちとうまくいきませんでした。自分自身もどこか格好をつけていました。本音で子どもたちと接することができていなかったのです。もちろん，皆さんに対しても，です。今年は共に笑い，本音で語ることを意識して過ごしてきました。皆さんの温かい支えが，毎日の自分のエネルギーでした。素晴らしい子どもたちの向こうにはいつも，保護者の皆様の存在を感じていました」

こんなことを語ったと思います。

逆説的なのですが,「保護者とつながろう」「信頼関係をつくろう」と考えれば考えるほど, 計算された行動になっていくように思います。これは, 授業を, 教師が緻密に組み立てれば立てるほど, 生徒をレールに乗せているようになるのと似ています。計算された行動を感じ取る保護者の方々も多くいるように思います。

この年, 生徒となかなか思うようにいかないことを感じてあれこれと考えるのを止めました。

> もっと, 本音で接しよう。

吹っ切れる自分がいました。

若かったこともあったのですが, 本音で保護者の方々ともおつきあいすることを心がけました。素晴らしい行動をした生徒の行動を伝えたくて, 帰宅途中に家庭訪問したこともあります。自分が変われば, 周りも変わっていくものです。生徒たちとの関係性も, 保護者との関係性も本当によくなることを実感しました。

これでいいのだと思いました。

本稿を読んでくださった方の中には「なかなか本音を出すことができない」と思う方もおられるかもしれません。ただし, それを決めているのは他でもない自分自身なのです。

保護者のニーズを満たすことは信頼関係を築く上で重要なことです。ニーズとは何でしょうか。「学力を上げてほしい」「生徒が満足する学級経営をしてほしい」など様々あるでしょう。

ただ, 忘れてはならないことがあります。それは,

> 教師自身が元気で明るく子どもたちに接することも保護者のニーズである。

委縮することなく堂々と自信をもって笑顔で仕事していきましょう。

（渡部　智和）

10 中学校
保護者とつながり，保護者とチーム化を目指す学級・学年づくり

1 保護者を味方にする基本的な考え方

　まだ私が独身だった頃，先輩教師に「家族をもつと教師観が変わる」と言われました。今，私も３人の子の親です。そのときに言われたことは「保護者の視点を大事にすること」なのかなと思っています。

　Benesse 教育研究開発センター（2008）による調査の「子どもが通う学校に望むこと」では，下記のような集計結果がありました*。

1　子どもの学校での様子を保護者に伝える　95.9％
2　学校の教育方針を保護者に伝える　91.0％
3　保護者が気軽に質問したり相談できるようにする　89.5％
4　講演会などで子育てに役立つ情報を提供する　64.6％
5　休日や放課後に子ども向けの体験活動やイベントを開催する　58.0％
6　いつでも自由に学校を見学できるようにする　67.7％
7　学校で使っていない施設やスペースを保護者や地域に開放する　58.1％
8　保護者がボランティアで学校を支援するしくみをつくる　48.5％
9　学校の教育方針を保護者の代表が参加する委員会で決める　37.4％

数値の高かった３つの項目をまとめてみました。

---
① **学校（学級）の教育方針を保護者に伝えてほしい。**
② **保護者は子どもの様子を知りたい。**
③ **保護者が気軽に質問できるようにしてほしい。**

　それらを踏まえながら私が大切にしている保護者とのつながり方を紹介しま

す（※下線部は調査から私がまとめた３つの項目との共通部分です）。

(1) **初対面を大切にする**

１年生は入学式，２年，３年は最初の授業参観が保護者との最初の顔合わせになります。ある日，私が自分の子どもの授業参観に行ったときに思ったのは，

> 親は，基本的に自分の子どもしか見ていない

ということです。来校する保護者も大半はそうなのかな，とそのときから思うようになりました。つまり，自分の子どもの授業の様子や教師が生徒（自分の子ども）にどんな言葉がけをしているか，に注目しているのです。

入学式であれば，話し方，しぐさ，学活での様子などを自分の子どもとのかかわりの中で見ているのかなと思っています。また，第一印象は大切です。一人一人への配慮をさりげなく行っていきたいものです。

(2) **学級経営方針を伝えていく**

学級経営方針は，学級通信で伝えます。また，学級懇談会のときは直接，学級経営方針について話をするチャンスでもあります。そのときに心がけたいのは，専門用語を多用しないことです。もし，使う場合は，わかりやすく解説しながら話をすることを忘れてはいけないと思います。教師の中では当たり前に使われている言葉は，世間一般では知れ渡っていないものだと思っていたほうがいいと思います。

(3) **具体的な子どもの姿で語る**

保護者と話をするときは，具体的な子どもの姿で語ることが大切です。そのためにも日々生徒たちとの会話の中で，１対１の話題があるかどうかが大切になります。中学生になると特に男子は，家で学校の様子を伝えることが少なく

なります。「この先生と話をすると自分の子どもの様子がよくわかる」というように思ってもらえるくらい，話題が豊富な教師になりたいものです。

(4) <u>話を共感して聞く</u>

保護者との会話の中で，相手の話を共感して聞くということは大事です。これは保護者だけでなく，生徒や同僚とうまく会話をしていく上でも大事です。

(5) <u>丁寧な言葉遣いを心がける</u>

会話の中では，丁寧な言葉で話をします。ただし，私が気を付けているのは，丁寧な言葉で無表情だと冷酷で感情のない教師だと受け取られがちになります。したがって，相づちをうったり，表情も自然に会話ができたりするといいと思います。ただ，地方によっては，「先生，敬語ばっかり使うなて」なんて言ってくれる保護者もいますが，私は，ため口では話すことはなかなかできません。

その他にも生徒の名前は，さんづけで呼び，会話をします。自分の子どもを呼び捨てにされて嫌な気持ちになる保護者はいますが，さんづけで嫌な気持ちになる保護者はいないと思います。

(6) <u>電話は短く</u>

電話の鉄則があります。生徒指導上の問題や，あまり保護者にとってよい情報でないことを報告しなければならないときがあります。そのような内容の電話は極力短く，ということを意識しています。電話のやりとりで話の内容のすれ違いがあり，私も何度も冷や汗をかいたことがあります。

(7) <u>足で稼ぐ</u>

家庭訪問は惜しまない。生徒のことが心配なとき，少し話がこじれそうなときは訪問して，直接会って話をするとこちらの気持ちを汲んでくれる場合が多いと思います。

また，不登校生徒の家には，曜日と時間をある程度決めて訪問するのがよいと思います。それが，生徒も保護者も，担任の存在を意識するきっかけになるのではないかと思います。もちろん，予定通り行けなかったときは「この前は来られなくてごめんね（すみませんでした）」の一言は大切です。

(8) 面談は正装で
　保護者が来校して話をする際には，スーツに着替えます。私は，体育教師なのでジャージでいることが多いのですが，スーツへの着替えは惜しみません。きちんとした格好で，誠意を込めて迎えて，話を聞く姿勢が大切だと思います。

(9) 一人で悩まず，報告をして責任分散
　面談の際には，その場で返答できない事例もあると思います。その際は，いったんもち帰ります。早急に学年主任，管理職へ報告し，抱え込まないことが鉄則です。最近は，一人ではとても対応できない事例がたくさんあります。「報告した時点で責任は分散される」という意識をもっていいと思います。

(10) クレームに対して
　「このような意見（クレーム）を言ってくださってありがとうございます」という精神で対応します。また，最後まで相手に内容を話してもらい，返答はそこではせず，後日，学年主任，管理職と相談し保護者に報告をします。
　いじめの被害者からの報告，訴えなどは，必ず家庭訪問をして，今後の対応をどのようにしていくか話をしてくることが大事です。

(11) 問題行動に対しての鉄則
　問題行動の連絡は，保護者にとっては聞きたくない情報になりますが，保護者の大変さを理解し「共にがんばっていきましょう」の精神で報告をします。「やった行為はダメだが，決して本人の人格を否定するものではない」ということが相手に伝わるようにしなければなりません。言葉を選び慎重に対応して

いくことが大切です。保護者も多くの人が，子どもの問題行動に悩んでいるのです。

2 保護者を味方にすることができた具体的事例

(1) 家庭訪問でのエピソード

　異動したばかりの年に１年生の担任をもちました。入学して，１か月後に定例家庭訪問に行ったときのエピソードです。

　保：「入学式のときのことなんですが……」
　担：「何ですか？」
　保：「最後の挨拶のときに，起立をした後，先生が『椅子を入れて机をそろえてから挨拶をしましょう』と子どもたちに言っていましたよね」
　担：「はい」
　保：「上の子のときは，そんな指導はなかったのでびっくりしました」
　担：「すみません」

　私はてっきり細かすぎるとお叱りを受けるのかなと思い，謝ってしまいました。

　保：「いえいえ，とても感謝しているんです」
　担：「ありがとうございます」

　この後，その保護者と話をしていく中で，お兄さんの入学式のときに中学校の配慮のない対応で，不快な思いで一日が終わったのだと言われていました。その後も卒業まで，学校の様々な対応について不信であったと言っていました。

　異動して１年目の担任だったということ，入学式の日の一場面での出来事から「話をしてもいいかな」と思ってくださったのかな，と今になって思います。

(2) 学年保護者との関係をつくった懇親会

　初めての学年主任になったときに，保護者同士をつなげることはできないか，と考えていました。その学校では担任として，１年から３年までもち上がった

後，4年目に1学年主任になりました。春に卒業させた生徒の弟や妹がいたので，顔見知りの保護者も何人かいました。

「多少無理を言っても助けてくれるかな」と思っていたところ，学年懇親会の話が出ました。「これを利用しよう」と考え，懇親会が始まる前の時間を「保護者の学習会や交流の場にしよう」と考えました。

その会で行ったのは，学級でもよく行うサイコロトークです。

〈サイコロトークの内容〉
・自分の子どものよいところ
・最近の様子で気になること
・中学生になって変わったこと
・休日のわが家
・普段，子どもには言えないが，自分の子どもに一言
・わが家のネット事情

そのときに行ったサイコロトークの流れを紹介します。

①参加者のグループを出身小学校が混ざるように，4～5人のグループを作る。
②学年主任（私）がサイコロを振る。
③目が出た数のトークの内容を輪番で話をする。
④全体が終わるまで質問の時間をとる。
⑤①～④を何回か繰り返す。
⑥最後に各グループから感想を述べてもらい，シェアリングをする。

とても和やかな雰囲気で終わりました。また，この後も懇親会になっているので，その話の延長があったり，サイコロの目が出なかった内容について話題になっていたりしました。そのとき，スタートがうまく切れたのもそうですが，この学年はその後も年2回の懇親会があり，卒業まで6回の懇親会を行いました。また，最終学年では，サイコロトークのネタを役員の保護者が自ら用意し，行ってくれました。そんな関係もできたので，PTA行事の参加率も高く，

PTA 学習会も保護者主催で行ってもらうことができました。大変印象に残る学年でした。

(3) **学年だより**

　これも同じく学年主任のときのエピソードですが，学年だよりを週1回発行しました。学級だよりとは違い学年全体の保護者への配付になりますが，各クラスのエピソードを平等に入れながら，今の学年の雰囲気や学校の様子が伝わるように工夫しました。また，テストの計画表や長期休みの生活設計表など保護者のコメントを記入していただくことになっていますが，その内容を紹介しました。

(4) 保護者面談

　　　　　　　　　　保護者面談は学期に1回行われます。この面談は，時間に制限もあるため基本的に延長することができません。当然，延びれば後の人たちに迷惑がかかるわけです。最近は授業時数の確保で，面談の日数もギリギリに設定されています。空き時間が余りないのが現状です。

　そこで，これも学年主任のときの実践ですが，担任がスムーズに面談が進められるようにマニュアルを準備しました。また，話がこじれたり，判断に迷うような回答が求められたりする場合は持ち帰って相談することにしていました。私は，教務室で待機し担任の帰りを待っています。

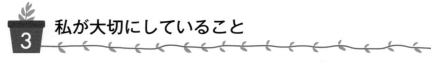

共通で使用したマニュアル

3 私が大切にしていること

　授業参観や行事など，保護者が学校に来る場面は結構多く設定されています。しかし，「子どもが中学生になったから」ということで仕事の量を増やしたり，新たに働きに出たりという保護者の方も多いのではないかと思います。そのため，保護者も忙しく，なかなか毎回来ていただくのは難しいというのが現状ではないでしょうか。

　一年間の中で家庭訪問や個別面談が組み込まれており，全員の保護者と話は

必ずしますが，私が大切だと思っているのは，それら以外の授業参観の合間や行事の合間などのちょっとした，一言二言の挨拶や立ち話だと思っています。

　OECDの調査で，日本の教員は世界一忙しいという結果が出ました。当時，新聞に大きく出ました。最近は，「学校の先生は夏休みがあっていいね」とか「学校の先生は暇でしょ」なんて言う保護者はあまりいませんが，自分は忙しい，話しかけないでオーラを出している教師には，保護者も話しかけられないし，当然相談もできないと思います。つまり，こちらにすきをつくって保護者に話しかけやすい雰囲気を出すことも大事だと思っています。これは，生徒に対しても同じですが。

　学校に来て教師と少し話をし，ほっとして帰っていくような形が理想です。自分の子どものことについて，悩みがあるが，教師に話しかけられない。そんなことを何回も繰り返し，長期間保護者は悩み，それが，後になって事が大きくなっていってしまう。そういうケースもあるのではないかと思います。「あそこのうちは何にも言っていなかったぞ……」ではなく，安心して相談できない雰囲気（オーラ）を出していた，自分の行動も振り返る必要があるのではないかと思います。

　いろいろ大変だったけれど，卒業式の日に，照れている子どもを引き連れて保護者が「今までいろいろとお世話になりました」と言いに来てくれる。そんなことがあると，またがんばろうと元気が回復していきます。

【引用・参考文献】
＊Benesse教育研究開発センター「子どもが通う学校に望むこと」，2008

（松井　晃一）

11 保護者もこの時を共に生きる仲間
～本気で付き合う～

1 私なんて失敗だらけです！

　保護者の方に誤解されたり真意が伝わらなかったり，不信感を抱かれたり。そんなことはない人はいないのです。いるとすれば，伝えるべきことを伝えず，何もしない人です。ですから，どんなに素晴らしい教師であっても，避けられないことです。失敗を回避することばかり考えていたら何もできません。また，失敗から学ぶことはとても大切です。

　How to が記された書籍はたくさん出版されています。それも大事です。しかし，それを使う人間の誠意が相手に伝わらなければ，危険ですらあります。

2 誠意って何だ？

　口先だけでなく，心からその言葉を発していることが相手に伝わることです。それは選ぶ言葉よりも表情・声のトーン・抑揚・態度など，非言語的なものが8割と言われています。その8割をコントロールできる人は，役者か詐欺師になれると思います。普通，自然と心のありようが出てしまうものです。

　だから，How to ではなく，まず「誠意」「本当の気持ち」が大切です。

3 私の失敗

(1) なんて言えばいいのかわからない

　若かりし頃。初めて担任したクラスでの保護者個人懇談会で，「とにかくいいところをほめればいい」と思い込んでいた私は「○○さんはとても素晴らし

いですね……」を繰り返していました。

　ある保護者の方が言いました。「先生，私は子どもの改善点を聞きたいのです。どうしたらもっと伸びるかを知りたいのです」

　私は絶句してしまいました。なぜなら「保護者の方に嫌われたくない。問題なく話し合いをやり過ごしたい」の一心だったのですから，そんなことは考えていなかったからです。

　もっと言えば，生徒との間もそうでした。「生徒に嫌われたくない。問題なく一年間をやり過ごせれば」と。

　そのとき，保護者の方にも生徒に対しても，私は仕事ができていなかったのだと，今振り返って思います。「どう受け取られるか」「どう思われるか」ばかりを気にし，「生徒を教え導く」という仕事に集中していませんでした。だから，何を話せばいいのかわからなかったのです。

(2) **教えてあげる！**

　ある生徒が母親との関係で悩んでいました。母親の要求が高すぎて，どんなにがんばっても認めてもらえない，自分の気持ちは聞いてもらえない。家では聞き分けのよい子。でも学校に来ると母親をコピーしたように，他人に厳しく，思うようにいかないと暴れたりする。そして友達がいなくなった……。

　私はその生徒の気持ちが痛いほどわかりました。また，私も母親を責める気持ちでいっぱいでした。そして，このことを母親に伝えることができるのは私しかいない，などというヒーロー気取りでした。

　母親に彼女の悩みを伝えました。そして「〇〇さんに必要なのは叱責や指導ではなくて受け止めてもらうことです」などと高飛車なことを言ってしまいました。そのときの私の気持ちは「お母さん，だめでしょ。〇〇さんの気持ちちっともわかっていない。これは虐待にも通じるよ」だったと思います。

　その気持ちが表情や態度に丸見えだったのでしょう。後日から私への不信感をあらわにし，私の話に取り合ってもらえなくなりました。きっと私の悪口も，相当流されたと思います。

しかしながら，その子と母親の関係はよくなったと本人から聞きました。そうであれば，私が失敗した甲斐があると思いました。……などと自分を慰めてはみましたが，やはり保護者の方から拒絶されるのは悲しく苦しいことでした。
　そのときの私はお母さんよりちょっとばかり年上でした。そんな優越感もあったのでしょう。しかし，上から目線は禁物です。保護者の方には「指導」などもってのほかです。「教えてやろう」などという気持ちをもったら最後，心を閉ざされます。保護者の気持ちに寄り添い，共感することを基本とします。その土台があってこそ，こちらの伝えたいことを受け取ってもらえるということを実感しました。
　私たちは教育のプロです。しかし，保護者の方とは人として対等です。少しのおごりも，必ず態度に出てしまうものです。

(3) 「後で」は失敗のもと
　中間テストの実施中に具合が悪くなった生徒がいました。途中でトイレに行ったので，その回のテストはダイレクトに成績に入れず参考点扱いになりました。それは本人に不利がないようにという配慮でもありました。そのことは本人には説明しましたが，保護者への連絡が遅くなってしまいました。
　具体的に言うとその日は金曜日で，私は夕方から夜にかけてスケジュールが入っていました。移動中，保護者への連絡の必要性を思い出しました。しかし，連絡先を持っていなかったので，明日の朝すぐに，と思いました。けれども，土曜の朝から深夜までびっちりと体があかず，すっかり連絡を忘れていました。日曜日，疲れ果てて思い出しもしませんでした。
　月曜の朝，怒った声で保護者の方から電話がかかってきました。「参考点ってどういうことですか？　具合が悪くなったうちの子が悪いんですか？」とかなりの剣幕でした。すぐに細かく説明し納得していただきましたが，「教育委員会に電話しようかと思いました！」と笑いながら話をされたときには，もっと早く連絡していればこんなに怒りを募らせることはなかったのになあ，と後悔しきりでした。

生徒から保護者へ話がなされたとき，情報が不完全で誤解して伝わっていたことが原因でした。金曜の夜，すぐに私の口から説明があれば，こんなことにはならなかったと思います。「後で」と思ったことで失念し，金曜から月曜まで，足掛け４日も保護者の方に不安と不満を与えてしまいました。

　こんなことが二度とないように，移動中も保護者の方に連絡がつくように対策しました。迅速・丁寧・誠意。心がけています。

4　保護者との関係はドラマチック！

　保護者の方とはいえ，やっぱり大事な人生を分かち合う人です。本気でつきあうと本気の関係が返ってきます。それはやはり，大切な人生の恵みです。そしてなにより，子どもたちの成長の何物にも代えがたい糧になるものです。

(1)　確かに経験は少ないです‼

　もう20年ほど前の話です。30そこそこの頃でした（歳がバレますね！）。藍という中２の難しい生徒を担任しました。

　転勤して２年生の担任になりました。そこに藍の名前がありました。彼女は１年生の２学期から荒れだし，教師に対する暴言，授業エスケープ，万引き，いじめなど，あらゆることをして学校中をかきまわし，怠学のため，１年の２月から登校しなくなっていました。

　名簿には載っていますが出席していない藍。家庭訪問すると金髪で眉毛はなく，真っ赤なマニキュアをした彼女となんとか会うことができました。しかし「もう二度と来るな」と言われ，その後家庭訪問をしても「帰れ！　帰れ！」と罵声を浴びせられ，顔を見ることはできませんでした。

　しかし，私は藍を放っておくことはできませんでした。彼女の金髪と真っ赤なマニキュアが私（を含めた周囲）へのSOSの発信だというように受け取れました。人として，その発信を無視できなかったのだと思います。

ある日，相変わらず私の家庭訪問に荒れる藍の姿を見て，お父さんが私に言います。
「先生，藍のことはそっとしておいてください。先生はまだお若く，経験もあまりおありでないようですから」
　本来ならば，保護者の意向を尊重しなさいと教えられている場面です。私は反射的に（本音で）こう答えていました。
「確かに，私は経験が少ないです。でも，それは関係ありません。藍さんが荒れるからとみんなが怖がって距離をとるから，藍さんは孤独なんです。いつまでたっても孤独なんです。確かに結果はどうなるかわかりません。でも，今が最悪です。これ以上悪くなることはありません。どうか家庭訪問を続けさせてください」
　こんな啖呵を切った？私の姿を母親はじっと見つめて，こう言ってくれました。
「お父さん，先生の言うとおりですよ。今まで何をしても何をしなくてもだめだったんだもの。先生に任せてみましょうよ。今より悪くなることはないんだから」
　父親はそのとき初めて私に頭を下げて「先生にお任せします。よろしくお願いします」と言ってくださいました。
　その後もしばらくの間，私の家庭訪問に荒れ狂う藍でした。「もう来るな！」と言われ私は「いいや，毎日来る！」と言い放ち，「絶対来るな！」と言い返され，「それでも毎日来る！　何と言われても来る！　私はあなたから目を離しはしない！」と叫んだとき，ようやく藍の罵声が止まりました。小さな間があって，藍は「……来るなよお」と小さな声で言いました。
　その後も，職場から自宅へ帰る途中，毎日藍の家へ寄り，私と藍はだんだんと関係を紡いでいきました。

　その後の藍がどう変貌していったかは割愛しますが，藍が卒業するまで，いや，卒業してからも，藍のご両親は私に信頼と親愛の情を寄せてくれました。

こんなふうに文章にしたり，講演で語ったりすることを全面的に応援してくれています。会うことはなくなりましたが，今でも心の絆はつながっていると感じています。

(2) 不信感をあらわにしていた恭輔の父親

　校内で喫煙したことで指導された恭輔宅への家庭訪問のときです。挨拶をして部屋に通されると，明らかに不機嫌な恭輔の父親が待っていました。
私：「今日は恭輔さんの喫煙について家庭訪問させていただきました」
父：「ああそうかい。それで？」
　部屋の中は強いたばこのにおいで充満していました。明らかに父も母もヘビースモーカーです。
父：「俺は昔，○○町内では有名だったんだ」
私：「そうだったんですね！　どうりでお父さん，ダンディですね！」
　次の瞬間，父親の表情が少し緩みました。父親は確かに精悍な顔つきで，おしゃれな服装をしていました。
父：「いや，それほどでも……」
私：「それで恭輔さんもハンサムなんですね，納得」
父：「ほめ殺しっすか？」
私：「いえいえ，事実を言ったまでです。ところでお父さん，この環境，やばいっすね。こんなにたばこの煙に囲まれていたなら，恭輔さん，たばこを吸わなくても吸っているのと同じになっちゃいます。その上たばこを吸ったのだから，恭輔さん成長期で体が心配です。お父さんたちの健康も心配だけど，大人ですからね。恭輔さんは絶対たばこ吸っちゃだめです」
父：「ああ，だからたばこは絶対吸うなよって言ってたんだけど」
私：「さすがお父さん。そういうところ緩いお父さんも多い中，恭輔さんのこと大事にしてらっしゃるんですね」
　こんな会話の後，お父さんは形相を崩し，世間話も交えていろいろ話してくれました。自分自身の失敗。恭輔を案じていること，等々。

私：「とにかく，お父さんとお母さん，そして私たち教師が力を合わせたら，絶対恭輔さんは幸せになります」
父：「先生，これからもよろしくお願いします」

　この後も，恭輔は学校のきまりを守らなかったり暴力事件を起こしたりして，何度も保護者連絡や家庭訪問を行いましたが，父親はとても協力的に接してくれました。
　恭輔の父親は，明らかに学校や教師に不信感を表していました。はじめは私を威嚇するような態度でした。しかし私はその「威嚇」に乗りませんでした。また，お世辞もおべんちゃらも言いませんでした。
　確かに「ダンディ」「息子を大事にしている」など，聞き心地のいい言葉を言いましたが，それは本心です。感じたままを素直に口にしました。教師としてというよりも，恭輔にかかわる大人として対等に接していたと思います。「うまくやろう」「敵に回さない」「気に入られよう」といった下心をもつと，たいてい見透かされます。
　どんなに疑問を感じる親でも，子どもを愛していることだけは絶対の真実です。もちろん，虐待をする親は問題外です。

　そんな恭輔の両親と心から分かち合った事件がありました。恭輔が暴力事件を起こし，被害生徒宅へ謝罪に行ったときのことです。
　恭輔と両親，そして私で被害を受けた生徒の家へ謝罪に行きました。なぜ私が同行したか。恭輔と両親からの依頼があったこともその理由ですが，少しでも恭輔の気持ちを補足できればとの思いからでした。
　被害生徒の両親は激怒していました。恭輔や恭輔の両親の謝罪は受け入れず，「許さない」「告訴する」と繰り返し言いました。私も，学校という教育の現場でこのようなことが起きてしまった監督不行き届きについて，心から謝罪しました。しかし，両親の怒りは収まりません。私はその話を聞いているうちに，何も申し開きはできないと感じ，「恭輔は確かに取り返しのつかないことをし

ました。それについてしっかりと責任をとらなければならないと思います。私は恭輔がなぜこんなことをしたのか，少しでも説明ができればいいと思い，この場に来ました。でも，何を言っても言い訳にしかなりません。何も申し上げることはありません」と言いました。その言葉に続いて，恭輔と恭輔の両親はただただ土下座を繰り返すのみでした。

　被害を受けた生徒の母親が言いました。「お宅のお子さんがこんなことをするのは，ご両親の教育に問題があるからじゃないですか？　家庭が悪いのではないですか？　愛情が不足しているんじゃないですか？　だから暴力を振るうようなお子さんが育つのではないですか？」その言葉に，私は反射的に答えました。「お母さん，それは違います。恭輔のお父さんもお母さんも精一杯の深い愛情をもって恭輔を育てていらっしゃいます。私がそれをよく知っています。恭輔は確かに許されないことをしました。でもそれはご両親の育て方や愛情不足のせいでは決してありません。それはひとえに恭輔の甘さやいい加減さのせいです。どうかその一言は訂正してください！」

　私のこの言葉を聞いて，恭輔と恭輔の両親は泣き崩れました。あとは何も言葉になりませんでした。

　被害を受けた生徒の両親が席を外したとき，私は恭輔に言いました。「恭輔，あなたは本当に悪いことをした。だから，あなたをこんなに大事に愛して育ててくれるお父さんとお母さんがあんなことを言われても，何一つ言い訳できないんだよ。どんなに悔しくても，何の弁解もできないんだよ。もし，ここに私がいなかったら，言われっぱなしだったんだよ‼　あなたの大事なお父さんとお母さんが‼」恭輔は声を上げて泣きました。泣いて泣いて謝り続けました。

　その様子を見て，被害生徒の父親が言いました。「おい，恭輔，そんなに大きななりしてピーピーピーピー泣くなよ。……わかったよ。許すよ。もう二度とするんじゃないぞ」

　その家を辞して，恭輔と恭輔の両親は私に，「先生がいてくれて本当によかった，ありがとう，ありがとう……」と繰り返し言ってくれました。私も同席できたことを嬉しく思いました。許してもらえたという結果ではなく，恭輔の

心に今回の出来事が深く根付いたということが確認できたからです。彼の人生の大きな道しるべになるだろうと感じました。

こんな事件を乗り越えて，恭輔とも両親とも，一生の絆ができました。

5 保護者に連絡をとるときには

(1) 「今お時間よろしいでしょうか」

社会人として当然のことですが，電話をする際，相手の都合を訊くことは重要です。どんなに重要なことを伝えるときでも，この相手を思いやる一言は心に触れます。ちょっとした心遣いが，あらぬ誤解や心理的抵抗を回避することになります。

(2) 事実だけを伝える

伝えたいことは，まず，あった事実を時系列に沿って感情抜きで伝えます。気を付けないと思い込みや予断が入って，責め口調や責任回避的になりがちです。まずは，あったことのみ伝えます。

(3) 保護者の気持ちをくむ

例えば，自分の子どもに非があるとき，保護者の動揺は大きくなります。私たち教師は保護者の支えになりたいものです。「私たちがついていながら，○○さんにはつらい思いをさせてしまいました」「必ず乗り越えていけます」「この経験が○○さんをもっと成長させて，人の役に立つ力を身に付けます」「一緒に乗り越えていきましょう」など励ましとねぎらいの言葉を，心からかけることができれば，保護者も少しは救われる気持ちになると思います。

(4) より具体的に生徒の気持ちを伝える

なぜそんなことをしたのか。なぜそうなったのか。どんな出来事でも相手があるときは感情が伴います。その気持ちを生徒から十分に聴き，十分に共感し

ます。そして保護者にできるだけ具体的に伝えます。

　「どうしてＡ君を殴ったの？と聞いたら，賢治さんは『変なあだ名をしつこく言ってくるから。やめてって言うとなおさら言ってくる。もう我慢できなくなって……』と言いました。賢治さんはずっと我慢していたらしいです。だから『よく今まで我慢していたね。悔しかったんだね』と言うと，泣きました。『でも，解決の方法が間違ってたね。どんなことがあっても暴力は使っちゃならん。暴力をふるった方が圧倒的に悪くなるから。どうすればよかったと思う？』と聞くと『先生に相談すればよかった』と答えてくれました。賢治さんは，次からこんなことがあったら先生に相談すると約束してくれました。Ａ君にも謝罪を済ませました。Ａ君も非を認め，賢治さんに謝りました。『もとはと言えば僕が悪いんだから』と言っていました。賢治さんもＡ君も苦しいところをよく乗り越えたと思います」

　こんなふうに伝えると保護者の方は場面を描くことができ，納得されることが多かったと思います。

　そればかりか，「先生に大変丁寧に対応していただき，感謝します。これからもよろしくお願いします」というありがたい言葉も頂け，さらに信頼関係を深くすることができました。

(5)　それでも不信感をもたれたら

　そんなときは，「自分は精一杯誠意を尽くした。悲しいけれど，仕方がない」と区切りをつけ，あとは管理職に任せましょう。どんなに伝えても，相手に受け取る姿勢がなければ伝わらないこともあります。「自分はダメだな」と落ち込みがちですが，それも含めて「よくがんばった」と自分をほめてあげてください。そして自分を癒すこと。がんばって傷ついた自分に優しくしてあげましょう。100％うまくいくことは，相手がいることなのであり得ません。

（堀川　真理）

12 中学校
生徒との信頼関係が保護者からの信頼を生む

1 保護者が望むことは何なのか？

　私たちが仕事をしていく中で、保護者との付き合いなしには教育活動は成り立ちません。こうして毎日子どもたちの笑顔に会えるのは、保護者の方の協力があるからです。

　私も保護者として、「望むこと」を考えてみました。

> ・毎日学校へ嫌がらずに行くこと　・周りの子どもと仲良く付き合うこと
> ・友達がいること　・勉強をがんばること　・運動もがんばれること
> ・きちんと家に帰ってくること……などなど

　挙げていけばキリがありません。でも思うことは、自分の子どもが学校でよいことをして、ほめられた姿を想像する人が多いのではないでしょうか？　よくない行為をして、学校から電話がくるのは、親として本当に嫌な瞬間です。そこを考えた上で、私が保護者としてではなく、教師として保護者と接するときに大切にしていることを紹介します。

> キーワードは「教えてください」。

　保護者は私たち教師より、子どものことを小さい頃からよく知っています。私たち教師より自分の子どものことを一番に考えています。だから、よいところはもちろんですが、自分の子どもの課題も一番よく知っています。

　「保護者を味方につける」ことを考えたとき、こちらからあえてその子の課題を一方的に押しつけるのではなく、保護者に「こんな行動が見られるのですけど、何か心当たりありませんか？　教えてください」と聞いてみることが一

番ではないかと思います。

　入学式後に保護者とあいさつを交わすときから，家庭訪問，面談のとき，生徒指導等で連絡を入れるとき，いつも言い続けます。私が「教えてください」と言うと，保護者は「こちらこそお世話になります。よろしくお願いします」と言ってくださる方が多いように感じます。

> **子どもがほめられると，自分の子育てがほめられているようで嬉しい。**

　面談，通知表の所見にはやはり，よいところを中心に書きます。具体的な行動をほめるのです。ほめられることは，子どももそうですが，親の自信にもなります。それは，子育てをほめられているように思えるからです。

　課題は，ほめた後に最後の一行に付け足します。その課題も，学習面がほとんどで，生活面での課題は挙げません。課題も180度視点を変えれば，それはよい点になるからです。

　中学校は教科ごとに教師が違いますので，学習面は教科担当の先生方に詳しく教えてもらいます。他には委員会活動，部活動担当，清掃担当にも聞きます。いつでも情報を共有できるように，いろいろな先生とつながっておくことも大切です。以下は，実際に書いた所見です。

所見
体育祭では競技リーダーとして夏休みから活動に参加し，競技の工夫を考え，リレーの走順ではクラスをまとめて皆の意見を平等に聞き，まとめていました。2学期は班長として班をまとめることの大変さを感じながらも，その仕事のやりがいを実感したようです。 　保健体育の授業では，準備や後片付けを率先して行い，皆と協力して取り組む姿が高い評価を得ています。得意な長距離はもちろん，今まであまり経験したことのなかった柔道やバレーボールにも積極的に取り組むことができました。

2 実践が保護者に認められた取り組み

(1) 学級通信第1号

　卒業式，PTA会長の祝辞。「ここに，学級だよりの第1号があります。そこには，先生の志が書かれていました……」と始まり，私の学級通信が読まれました。

```
            1年間，お世話になります。

 担任　井口　真紀　よろしくお願いします。
 〈カラフル〉
　　私が目指すクラスは，カラフルなクラス。ひとりでも色が強すぎると，グレーに
　なって汚れてしまいます。色が欠けてしまってはカラフルになりません。ひとりひ
　とりがちょうど良い強さで，その力を発揮し，南中で一番キレイに輝くクラスを作
　りたいです。
 〈お願いすること〉
　　では，そんなクラスを作るために，私からのお願いです。
 ・自分からあいさつをする
 ・相手が喜ぶ行動・言葉を考えて使う
 ・卑怯な行動は許さない
　　（大勢でひとりをいじめる，陰でコソコソいじめるなど）
 ・話をする人の方を向いて聞く
　　この4つは最低限守ってください。その他，出来ない場合はやり直しをします。
 〈保護者の皆様〉
　　1年間，よろしくお願いします。学年便りには，生徒の様子などを載せます。ぜ
　ひ，良い意味でとらえて読んでください。
```

　上の図が，学級だよりの第1号です。ここからPTA会長が実際に会場に居る人たちに読んで聞かせてくれました。それは，私がどんなクラスにしていきたいか，という〈カラフル〉の部分です。

　学級通信の第1号といえば，担任の所信表明が書かれていると思います。自分の思いや目指す学級の姿はその第1号が一番強く表れていると思います。自分の気持ちが生徒だけでなく，保護者にきちんと伝わっていた瞬間だと感じました。学級通信の第1号なんて誰が覚えているのかわからないけれど，ましてや，保護者にきちんと伝わっているのかどうかわからないけれど，こうして卒業式の祝辞で披露してもらったことは，私の教員人生の中で非常に嬉しく，忘れられない出来事でした。

　そして，学級通信第1号に必ず載せる，欠かせない一言です。

> 「学級通信には生徒の様子などを載せます。
> ぜひ，良い意味でとらえてください」

これが功を奏すかどうかはわかりませんが，こちらの意図とは違う気持ちでとらえられると困ります。必ず学年・学級通信の第１号に載せておきます。

(2) 日常の取り組み～一言日記の継続～

> 保護者：「先生との交換日記，読ませてもらいました。本当にあんな一言に毎日コメントを書いてもらって，ありがとうございました」
> 私：「そんなことないんです。**私も，楽しんで続けているだけなので！**」

３年間クラス替えなしのクラスを受け持ったことがあります。３年間，生活ノートへのコメントと，それとは別に，「一言日記」というものを用意し，生徒とのやりとりを楽しみながら続けてきました。生活ノートは，最初はたくさん書いてくれるのですが，部活動や勉強が忙しくなってくると，適当に書いたり，提出しない生徒もいます。生徒の日常の一言を見逃したくないため，毎日終学活で書かせていました。

生活ノートのやりとりは，保護者も興味があるようで，こっそり見ている保護者は面談のときに，話題が出ます。一言日記は，「学活・道徳ファイル」に綴ってきました。もちろん，ファイルは学校に置いてあるので，保護者の目にはつきません。

生徒と保護者で「卒業を祝う会」というものが開かれたときです。保護者の方が，「今まで気づかなかったのですが，先生とのノートではない，紙の交換日記，ありがとうございました」と言われました。中学校の荷物を整理しているときに，ファイルの中から３年間分の「一言日記」を見つけたそうです。生活ノートよりくだけてはいますが，その日の気分や，楽しかったこと，うまく言葉で表現できない生徒はイラストを描いてきたりします。たまに悩み相談もあります。そんな日々の一言に，毎日コメントをつけてやりとりをしていまし

第2章　保護者を味方にする教師の心得　135

た。

実際の一言日記

「一言日記」は私の中で、生徒とのラポートづくりのために取り組んできたことです。保護者向けではないのですが、それに気づいた保護者から感謝を述べられ、自分が日々取り組んできたことが認めてもらえたのだ、と嬉しくなりました。「一言日記」は、すぐに成果が目に見えるものではありません。ですが、継続してきたことで保護者ともつながることができたきっかけだと思っています。

(3) 部活動での出来事

中学校は部活動があります。私は女子バレーボールを担当しています。3年生が6人、2年生が12人いました。2年生はほとんどが小学校から継続してきた生徒ばかりで、身長も技術も3年生より勝っていました。3年生は中学校から始めた子が多く、2年生をスターティングメンバーにいれていました。

最後の試合。3年生を出すべきかどうか悩みました。結局、メンバーを変えずに、コートに入れなかった3年生がいました。保護者に「最後に3年生を出さなかったのはどうしてですか？」と聞かれました。

「最後まであきらめたくなかったからです。
勝つ喜びを知ってほしかったからです」

と答えました。保護者からは、「先生がそういう意図で、メンバー変更しなかったのであれば、理解できました」と言ってもらえました。自分の意図していたことを伝えることはとても難しいです。とらえ方も人それぞれですが、勝ち

たい気持ちは私も保護者も一緒であり，試合を最後まであきらめなかったという意図に理解を示してもらえました。

部活動は，金銭的にもそうですが，土日の送迎等，本当に保護者の協力がないと運営できません。最初に味方につけることが大切です。

> あいさつ，感謝，チームワーク

年度当初からこの３つをきちんと指導していくことを生徒にも保護者にも伝えます。こちらの目的をしっかりと説明しておくと，保護者も協力をしてくれます。学校として目的がぶれてしまうと，保護者を味方につけることができません。自分で宣言した以上，部活動はしっかりと取り組んでいます。

3 ピンチはチャンスに変える

(1) 迷ったら連絡をとるべき

学級で，生徒同士のトラブルがありました。定期テストも重なり，指導の時間をとる余裕もありませんでした。そんな理由にかこつけて，保護者への連絡，生徒への対応が後手になってしまったことがありました。

電話で事情を説明しましたが，こちらの言い訳が通じるわけではありません。私だけへの批判なら仕方がありませんが，「これだから中学校の先生は対応が遅すぎる，小学校とは大違いだ」と学校不信につながりかねないような言葉を言われました。

> 「早い頃は，連絡が遅くなってしまって，嫌な想いをさせて本当に申し訳ございませんでした」

この言葉から始まった，期末保護者面談でした。そこで初めて保護者と顔を合わせて話ができました。最初に謝罪から始まりましたが，きちんと顔と顔を合わせて話をしたら，保護者は理解を示してくださいました。こちらの誠意も伝わったのだと思いました。

このことをきっかけに，生徒指導の対応は早めに取り組まないと大変なことになってしまうことを学びました。それからは，「迷ったら連絡をとるべきだ」と心に決めて過ごしています。
　それ以前に，生徒たちにトラブルになったときの和解方法を教えておく必要もあると感じました。その件は弁償を求められ，同じ物が用意できなかったので，保護者同士で金銭のやりとりで解決しました。仲の良かった二人でしたが，その件が後を引き，仲違いをしてしまったので，もっと生徒同士の課題解決力を育てなければならないと思った出来事でした。

(2) "Ｉ"メッセージで伝えた出来事
　教育相談で，こんな前置きをして友達とのトラブルを教えてくれた生徒がいました。今まで仲が良かったグループから，なんとなく敬遠されているようだ，という訴えです。確かに，休み時間には１人でいる姿を見かけていました。彼女の訴えは，「元のグループに戻りたい」という願いでした。でも，「お母さんが心配するから，このことは言わないでください」と。ですが，期末保護者面談で，私は保護者に伝えました。

> 「『お母さんが心配するから，このことは言わないでください』と本人から言われていたのですが，私が気になったのでお知らせしておきます」

　そして，本人が困っていることを伝えました。保護者は「教えてくれてありがとうございます」と言い，その生徒の悩みに寄り添って，解決しようと協力してくれました。
　何か用事があるごとに，保護者が私に経過を報告してくれ，「ほかの友達と付き合ういいチャンスなんじゃないかと家で話しています」と家庭と学校とで本人を支えることができました。
　もちろん学級でも，班長会議でその話題が出ました。班長たちで学級の課題を解決しようとしていることも保護者には伝えました。保護者もその様子は生徒から聞いて，知っていたようで，「ありがたいです」と話してくれました。

本人は「親に迷惑はかけたくない」と思っていたのでしょう。私自身も判断に悩みました。なので，生徒自身が悩んで……というよりは，「私が気になったので伝えておきます」と私が心配して話した，ということにしました。
　伝えたほうがいいこと，伝えないほうがいいことの判断はとても難しいと思います。迷ったら，主任や管理職に相談して，意見を聞いてみるのが一番かもしれません。

4 私の基本スタンス

(1) 生徒と地域と共に活動を楽しむ

　以前勤めた学校で，野球部が初の地区大会出場を決めました。私のクラスの生徒が主力だったので，顧問の先生が「コーチとしてベンチに入ってみる？」と誘ってくれました。こんなチャンス滅多にありません。私は張り切って，

> OBよりユニフォームを借り，背番号をつけて，ベンチに入りました。

　その姿に，生徒はもちろん，応援に来た保護者や地域の方も喜んでくれました。
　何事にも本気で取り組む姿勢を見せれば，保護者も協力をしてくれます。私の例は，野球部の保護者同士もすごくよい関係で，顧問の先生への信頼もあったので，そこに甘えさせてもらいました。
　野球部だけではありません。陸上部の富士山登山合宿にも参加しました。地域のクロスカントリースキー大会ではバレーボール部として生徒を参加させ，真冬でしたが，バレーボールのショートパンツで生徒は出場をして，会場を沸かせていました。地域の方は，こうして中学生が大会を盛り上げてくれることは非常にありがたい，と言ってくださいました。

もちろん，私の家族の理解があってこそ，こうして生徒と活動を共に楽しむことができています。

(2) 主役は生徒

　中学校は，保育園や小学校とは違い，保護者とあまり顔を合わせる機会がありません。ましてや，直接話すことも面談のときくらいで限られています。その中で，どのようにして保護者を味方につけるかを考えたとき，私たちができることは，生徒に成功体験を積ませて活躍させることです。

　生徒に成功体験を積ませることは，それまでの準備や道のりに時間と手間がかかります。ですが，生徒の姿，集団の姿で私たちは保護者に評価をされるような気がします。学校にいる間に，たくさんの励ましと，たくさんのほめ言葉を生徒に返し，家庭に帰したいと思っています。

　そこから生まれる自己有用感がよい学級づくりに反映し，学習にも励むことができ，保護者から信用してもらえる一歩となるのではないかと思います。

　地道ではありますが，生徒とのリレーションをつくることが，生徒から信頼され，それが保護者からの信頼にも結びつくと思います。

（井口　真紀）

あとがき

　多くの教師に大事だと認識されながら，教員養成から現職教育を通して学ばれないことのひとつに学級集団づくりがあります。学級集団づくりの心強い味方として本シリーズを企画しました。それぞれが理論編と実践編からなり，確かな考えをもとに実践のレパートリーをもつことができます。

> 『学級を最高のチームにする極意シリーズ』ラインナップ

＊学級開きに

『一人残らず笑顔にする学級開き　小学校〜中学校の完全シナリオ』　学級生活の始まりに，絶対に外してはならないポイントから，それをいかにして子どもたちに伝えたらよいのかまで，小中学校の学級開きのシナリオを完全に再現しました。笑顔と安心感に満ちたスタートに欠かせない一冊です。

＊学級目標に

『最高のチームを育てる学級目標　作成マニュアル＆活用アイデア』　クラスがまとまり，子どもたちが動き出す目標のつくり方を活動例とセットにして豊富にとりそろえました。学級目標が豪華な飾りになっていませんか。絵に描いた餅になっていませんか。ひと味違う，学級目標のつくり方が示されています。

＊年間戦略に

『自ら向上する子どもを育てる学級づくり　成功する自治的集団へのアプローチ』　学級集団の究極の成長段階であり，アクティブ・ラーニングを成功させている教師が実現している学級の姿として指摘されている自治的集団（チーム）を育てるための具体的実践群です。

　また，学級集団は，どんなに良好な状態であろうともそのほとんどが４月後半から６月にかけて最初の危機を迎えます。いじめなどに備えます。

＊いじめに

『いじめに強いクラスづくり　予防と治療マニュアル　小学校編・中学校編』　いじめをないものしてとらえるのではなく，あるものとしてその事実から，いじめに負けない子どもたちを育てます。

＊気になる子の支援に

『気になる子を伸ばす指導　成功する教師の考え方とワザ　小学校編・中学校編』　気になる子の指導のポイントは信頼関係づくり。心と心を通わせる感動の実践群です。

＊思春期の絆づくりに

『思春期の子どもとつながる学級集団づくり』　思春期の子どもたちとの付き合いは難しいと言われます。しかし，難しいだけにつながったときの喜びは大きいものです。つながる達人たちが，あたたかな実践を繰り広げています。

＊個人的信頼関係の構築に

『信頼感で子どもとつながる学級づくり　協働を引き出す教師のリーダーシップ　小学校編・中学校編』　子どもたちのやる気に火をつけるのは，個人的信頼関係の構築にかかっています。子どもたちとの個人的信頼関係をつくるあの手この手が示されています。

＊集団のルールづくりに

『集団をつくるルールと指導　失敗しない定着のための心得　小学校編・中学校編』　学級はルールから崩れます。よい学級には，よいルールがあります。そのルールの具体と指導法がギッシリです。

＊やる気を引き出す授業づくりに

『やる気を引き出す全員参加の授業づくり　協働を生む教師のリーダーシップ　小学校編・中学校編』
教師のリーダーシップ次第で，全員参加の授業が実現します。そのためのアイデアが満載となっています。

＊アクティブ・ラーニングの視点による授業改善に

『アクティブ・ラーニングで学び合う授業づくり　小学校・中学校編』　アクティブ・ラーニングは，単なるペアがグループを活用した交流型の学習ではありません。そこには子どもたちの主体的に学び合う姿が必要なのです。子どもたちが，いきいきとかかわりながら学ぶ授業づくりの具体例を豊富に示しました。

＊協働力の育成に

『クラスがまとまる！　協働力を高める活動づくり　小学校・中学校編』
「クラスがまとまらない」という話をよく耳にします。クラスは，まとめようとしてもまとまるものではありません。子どもたちを一定の枠に入れ込む発想は，もう時代遅れです。子どもたち一人一人に協力して課題を解決する力，つまり，協働力を育てるようにします。子どもたちのつながる力を引き出す指導のステップと魅力的な活動例が豊富に紹介されています。

　今回も，明治図書の及川誠さん，西浦実夏さんにお世話になり発刊の運びとなりました。感謝いたします。

赤坂　真二

【編著者紹介】

赤坂 真二（あかさか しんじ）

1965年新潟県生まれ。上越教育大学教職大学院教授。学校心理士。19年間の小学校勤務では，アドラー心理学的アプローチの学級経営に取り組み，子どものやる気と自信を高める学級づくりについて実証的な研究を進めてきた。2008年4月から，即戦力となる若手教師の育成，主に小中学校現職教師の再教育にかかわりながら，講演や執筆を行う。

【著　書】

『スペシャリスト直伝！　学級づくり成功の極意』(2011)，『スペシャリスト直伝！　成功する自治的集団を育てる学級づくりの極意』(2016)，『教室がアクティブになる学級システム』(2017)，『スペシャリスト直伝！　主体性とやる気を引き出す学級づくりの極意』(2017)（以上，明治図書）他多数。

【執筆者一覧】（掲載順，執筆時点）

赤坂　真二	上越教育大学
澤村　力也	富山県高岡市立博労小学校
永地　志乃	奈良県御所市立大正小学校
内藤　慎治	福岡県福岡市立和白東小学校
岡田　順子	新潟県上越市立春日小学校
宇野　弘恵	北海道旭川市立啓明小学校
北森　恵	富山県公立小学校
山本　宏幸	新潟県上越市立城北中学校
吉田　聡	新潟県上越市立城北中学校
渡部　智和	新潟県上越市立城北中学校
松井　晃一	新潟県上越市立城北中学校
堀川　真理	新潟県新潟市立巻西中学校
井口　真紀	新潟県南魚沼市立六日町中学校

学級を最高のチームにする極意シリーズ

保護者を味方にする教師の心得

2017年5月初版第1刷刊　Ⓒ編著者　赤　坂　真　二

発行者　藤　原　光　政

発行所　明治図書出版株式会社

http://www.meijitosho.co.jp

（企画）及川　誠（校正）西浦実夏

〒114-0023　東京都北区滝野川7-46-1

振替00160-5-151318　電話03(5907)6704

ご注文窓口　電話03(5907)6668

＊検印省略

組版所　長野印刷商工株式会社

本書の無断コピーは，著作権・出版権にふれます。ご注意ください。

Printed in Japan　ISBN978-4-18-153728-9

もれなくクーポンがもらえる！読者アンケートはこちらから→